8/1: A rebelião dos manés

ou esquerda e direita nos espelhos de Brasília

edição brasileira© Hedra 2024

edição Felipe Musetti
coedição Jorge Sallum
assistência editorial Paulo Henrique Pompermaier
revisão técnica Iná Camargo Costa
foto de capa Sergio Lima

ISBN 978-85-7715-950-5
conselho editorial Adriano Scatolin,
Antonio Valverde,
Caio Gagliardi,
Jorge Sallum,
Ricardo Valle,
Tales Ab'Saber,
Tâmis Parron

Dados Internacionais de Catalogação na Publicação (CIP)
(Câmara Brasileira do Livro: SP, Brasil)

Arantes, Pedro Fiori

8/1 : A rebelião dos manés: ou esquerda e direita nos espelhos de Brasília / Pedro Fiori Arantes, Fernando Frias, Maria Luiza Meneses. – 1. ed. – São Paulo: Editora Hedra, 2024.

ISBN 978-85-7715-950-5

1. Ciência política 2. Bolsonaro, Jair Messias, 1955- 3. Brasília (DF) – História 4. Direita e esquerda (Ciência política) 5. Eleições – Brasil 6. Política e governo I. Frias, Fernando. II. Meneses, Maria Luiza. III. Título.

24–189973   CDD: 320.981

Elaborado por Tábata Alves da Silva (CRB–8/9253)

Índices para catálogo sistemático:
1. Brasil : Política e governo 320.981

Grafia atualizada segundo o Acordo Ortográfico da Língua
Portuguesa de 1990, em vigor no Brasil desde 2009.

Direitos reservados em língua
portuguesa somente para o Brasil

EDITORA HEDRA LTDA.
Av. São Luís, 187, Piso 3, Loja 8 (Galeria Metrópole)
01046–912 São Paulo SP Brasil
Telefone/Fax +55 11 3097 8304
editora@hedra.com.br

www.hedra.com.br
Foi feito o depósito legal.

8/1: A rebelião dos manés
ou esquerda e direita nos espelhos de Brasília

Pedro Fiori Arantes, Fernando Frias e
Maria Luiza Meneses

1ª edição

hedra
São Paulo   2024

8/1: A rebelião dos manés é uma análise política da história do tempo presente que problematiza uma inversão decisiva nas lutas sociais do Brasil: por que a direita se tornou ativista e audaz enquanto a esquerda novamente está refém do realismo político e da gestão comportada do sistema? Ao investigarem os traços distintivos do ataque bolsonarista a Brasília em 8 de janeiro de 2023, os autores analisam como a extrema-direita incorporou os impulsos políticos, rebeldes e estéticos da esquerda, reconfigurando-os ao seu modo e em sentido golpista. Além disso, resgatam o imaginário social dos levantes populares, incluindo Junho de 2013, sondam as influências norte-americanas e dissecam o instrumental reacionário manifesto nos herdeiros da ditadura, em Olavo de Carvalho, no MBL, nos 300 do Brasil e no salvacionismo evangélico – todos combinados, fomentando a rebelião dos "manés". À sombra deles, generais e o clã Bolsonaro disfarçavam malandramente a trama para a virada de mesa que ficou pela metade. Os autores empreendem não apenas uma análise da visualidade e do imaginário dos novos rebeldes, de suas tramas e desfaçatez política, como apontam caminhos ainda possíveis para uma esquerda que precisa retomar a imaginação coletiva, a crítica radical e a rebeldia insurgente a fim de alterar o curso da história em favor dos despossuídos. Se não o fizer, a vanguarda reacionária seguirá ocupando as ruas, comandando os negócios e a vida política real, do Congresso às periferias – e o que será de nós?

Pedro Fiori Arantes é arquiteto e urbanista (FAU-USP), professor de História da Arte na Unifesp, Campus Guarulhos. É autor de livros e artigos sobre movimentos sociais, arte e política, guerras culturais, direito à cidade, habitação popular e educação. Participa do coletivo USINA que assessora projetos e obras de movimentos populares e é um dos coordenadores do Centro Sou_Ciência. Coordena um grupo de estudos e eletivas na graduação e pós-graduação sobre guerras culturais e arte e política.

Fernando Frias é graduado em História pela Universidade de São Paulo (FFLCH-USP) e licenciado pela Faculdade de Educação da USP. É mestrando em História da Arte pela EFLCH-Unifesp. Integra o grupo de pesquisa MAAR (Mídias, Artes, Afetos e Resistência), coordenado pela profa. Yanet Aguilera e o grupo de pesquisa e estudos em guerras culturais, coordenado pelo prof. Pedro Arantes (ambos na EFLCH-Unifesp).

Maria Luiza Meneses é graduanda em História da Arte (Unifesp). É responsável pelo projeto Pinacoteca Digital Mauá (2019–). Foi curadora das exposições *Travessias do Modernos em Mauá* (2022), *Resíduos Mundanos* (2023) e *Pinacoteca de Mauá – 20 anos de arte, conexões e memória* (2024), além de assistente da curadora Diane Lima na 35ª Bienal de São Paulo (2022–2023). Atua nos coletivos Rede Latino Americana de Estudantes de História da Arte (RedLEHA), Nacional Trovoa e Rede Graffiteiras Negras do Brasil.

Sumário

Prefácio, *por Tales Ab'Sáber* 7
Convite ao "estranhamento" do 8 de janeiro 25
Cidadãos de bem em fúria 37
História e imaginário da tomada de poder 47
Não vai ter golpe 61
Ataque ao Capitólio 71
Uma imagem insuportável 79
A direita se vê no espelho trincado 85
Mané e malandro no espelho da (des)ordem 91
A queda da Babilônia e a destruição de
Brasília-Gomorra 97
Um exército de Brancaleone ou terroristas
organizados? 109
Depois de janeiro, a paz será total? 119
Epílogo 129
Créditos das imagens 174

Prefácio
"No dia seguinte, eu fecho o Congresso"

Um gênero político e de pensamento social novo que tem se desenvolvido no Brasil é o da análise aprofundada e histórica de conjuntura. O gênero é conhecido na história da ciência política, e em suas consequências para a historiografia, mas há alguma diferença em nossa tendência: o seu fundamento de caráter crítico na raiz da reflexão histórica. Não se trata de uma análise de ideia "objetiva" dos dados políticos, ao modo de alguma ciência humana definida que busque a estabilidade das coisas da história e seu pensamento, mas, de outra maneira, de um levantamento que acompanhe de forma problematizante e incisiva, teoricamente implicada, e com a própria consciência em movimento, o seu presente histórico. Com o real avanço das múltiplas crises da democracia liberal brasileira, solidificada após a Ditadura Civil-Militar de 1964–1985, mas já bem esgarçada, em sua formação também determinada pela globalização econômica que avança irrefreável sobre nós desde os anos 1990–2000, surgiram os ensaios de atenção histórica aos processos algo enigmáticos das danças das cadeiras do poder e das novas mascaradas de classe contemporâneas no Brasil. Esses processos sociais e políticos, em acontecimento, abertos e tensos, que não se sabe bem se estruturais ou superficiais, se sintomas ou o quanto são formativos, não têm precisa referência nas categorias de pensamento político e social do passado moderno brasileiro. A partir dos relatos que se sucedem, o que se observa é que a história, por agora, vai na frente e ultrapassa ilusões, fixações teóricas e desejos satisfeitos dos pensadores que pensam com noções muito bem delimitadas, em outros cenários e em outros horizontes do país.

Por nossa situação expressar tensões "de massa", cada vez mais movidas por lógica espetacular midiática, e sua própria real astúcia técnica, no interior de um continente simbólico "democrático", por assim dizer, continuado por algumas décadas – o que não deixa de ser novo entre nós; por apresentar variadas tensões e múltiplos problemas, no palco das lutas, entre a pressão por reconhecimento e pela vida popular e a mediação da política institucional, e de poderes muito concentrados de classes tradicionalmente dominantes; por também se dar em território mais amplo e geral, vindo do todo, da hiper-produtividade global, com sua força permanente de mercadorias excedentes e sedução total, que subjetivam fundo para a aceitação do que existe como medida central da vida, em processo contraditório integrador simultâneo à crise universal do emprego e do valor do trabalho no mundo; bem como, com o cenário social e político que se representa nos últimos 10 anos, administração subjetiva e táticas psico--políticas de propaganda e de excitação nas redes de comunicação imediatas, ultrapassando amplamente como novo espaço público de política de identificação o velho mundo da tevê e do rádio; todas essas condições, e seus novos resultados políticos sociais, abertas em pleno acontecimento, implicam uma necessária atenção ao novo, forçando o deslocamento das ideias e do pensamento político diante de seu movimento real. O mundo não é mais o mesmo que imaginamos com parâmetros modernos, a sociedade funciona por outros objetos e problemas, o Brasil tornou-se novamente um instável problema, mas de outro tipo.

É nesse contexto amplo, que se apresenta em movimento e síncopes históricas que passaram às ruas, que surge a nova literatura de interpretação, e do capitalismo contemporâneo, desde o lugar *estranho* do Brasil no mundo: não mais um país periférico..., mas tão mundialmente integrado quanto inteiramente dependente na prática; não mais um país pobre…, mas sempre absolutamente injusto e por isso imensamente violento. Um país pacificado por uma democracia de massas muito afiada para a própria reprodução ideológica e da vida, porém permanentemente convulsionado em surdina, nos chocando fora dos parâmetros de nomeação, com uma crise geral e permanente de violência: uma média de 45 mil assassinatos por ano, há décadas, bem centrada entre os pobres, com as polícias contribuindo sempre com algo entre 5 e 10 mil mortes todos os anos, tendo como consequência uma constante tomada criminosa de grande parte da vida social e política.

Nossa pacificada democracia de massas, e de consumo, é também uma ruína social permanente, aberta aos olhos de quem quiser ver, em que qualquer demagogo parafascista baseado em sadismo barato da vingança e distribuição generalizada de armas tem boas chances de chegar ao poder. E também é *oculta* àquele que ainda tem esperança de ganhar, nessas condições. Tal situação faz nossas vidas civis oscilarem entre a cidadania mais ou menos solidificada e reconhecida, as revoltas e insurgências indefinidas, sem objeto e sem saber sobre a própria diferença em relação ao Estado burguês, e a vida das "histéricas instituições", da luta política muito feroz, de detentores do poder e de arrivistas de todo naipe, por um lugar ao sol. Tudo no quadro de um capitalismo ainda e sempre de *acumulação primitiva*, mas *globalizado* no *gadget* chinês do dia. E diante de uma real crise mundial do capital global, que há muito perde lucratividade.

Mais uma vez, não se trata de país fácil ou simples, em seus circuitos de vida e de horror, de *transe em transe*, de obnubilação em obnubilação, em seu mundo da vida tornado invisível, de controle de massas, e, no mundo da política, em guerra simbólica aberta que chegou a perder os limites de todo parâmetro. Tudo sempre envelopado novamente por um sistema geral e permanente de imagens *a favor da vida ao modo brasileiro*.

Poderíamos dividir a literatura crítica de atenção à ebulição contemporânea de um país desejado e arruinado, talvez, em três linhas principais de modos e formas de pesquisar:

1. Os trabalhos que, com alguns passos de distância, tentam teorizar *a posteriori* os processos da crise dos últimos anos, utilizando-se de categorias acadêmicas algo clássicas da sociologia e da teoria política para tentar definir a situação e muitas vezes focando a pesquisa em algum aspecto ou dimensão do processo social existente;

2. Os trabalhos de crítica geral e ampla dos processos de poder e sociais de um capitalismo periférico que há muito perdeu o fuso, desconhecendo seu mundo e seu lugar no mundo, investigação de teoria contemporânea que olha para o Brasil e para a filosofia política mais geral ao mesmo tempo; e

3. Os trabalhos que, reconhecendo a situação histórica e social nova, colam no entendimento dos passos e dos lances abertos a cada momento no tabuleiro produtivo da história, fazendo uma atenta *historiografia crítica do presente*. *8/1: A rebelião dos manés* está claramente nesta terceira posição.

O processo social e simbólico da chamada democracia brasileira, desde a passagem do poder do condomínio tucano da direita, ao final dos anos 1990, à intervenção social petista através do pacto construído com a institucionalidade oficial e o mercado, dos anos Lula, passando pela explosão dos parâmetros do jogo, com emergência de novos agentes políticos sociais, dos governos de Dilma Rousseff – coincidente com a crise mundial de descarrilamento final dos circuitos mundiais de investimento e ganho do grande capital financeiro de 2008 e 2009, o verdadeiro "fim do século XX" –, parece mesmo ter exigido um outro tipo de atenção teórica, um novo tipo de especulação crítica, que funde a avaliação das marcas aparentemente contingentes da história, a recolha do seu andamento concreto em uma bem definida *historiografia do acontecimento*, com a consciência crítica possível, em um ponto da história que se sabe em dúvida e em processamento, sem orientação entre o passado e o futuro, e que se apresenta também como elemento constitutivo do tempo. Historicizando com maior acuidade e detalhe o processos das tensões, soluções e explosões correntes e visíveis do enigma social, político e econômico do Brasil de agora, estas narrativas participam da história como sujeitos do embate em jogo, na qual tentam se orientar.

Elas são, junto ao nome da história que promovem, documentos da própria experiência que o tempo permite à sua consciência crítica. Historicizando, com atenção sensível ao contingente que faz marcas, processos gerais que convidam à leitura ideológica mais ampla, elas historicizam o problema da crítica, nestas condições, dos impactos das coisas sobre os pensadores e da tentativa de sintetizar objetos desconhecidos, a partir de fatos não inteiramente pensados na cultura ideológica comum. Uma história em movimento aberto, mas com soluções particulares de poder e desejo social, se configura, assim, junto ao pensamento que a pensa.

8/1: A rebelião dos manés parte de uma inquirição ampla, uma dúvida sobre os valores e as formas de se fazer política, para investigar sob vários prismas a revolta bolsonarista golpista de janeiro de 2023: *como certa direita contemporânea se tornou ativamente insurgente, se dispondo ao conflito aberto contra os poderes formais existentes, enquanto grande parte da consciência genérica da esquerda brasileira abdicou da sua tradição de luta e conflito, ao menos no nível da ideia da transformação direta do Estado?* Esse é o ponto de partida, algo teórico, dúvida política ligada ao enigma da época, comprometido com o que faz a força do impulso à transformação, de uma ideia generalizada em circuitos de esquerda, que vai orientar, até certo ponto, as variadas investigações do estudo. No percurso, junto com digressões estéticas sobre a tradição revolucionária e a discussão da gestão da imagem e do imaginário de massas dos novos revolucionários, *manés*, da extrema-direita brasileira, vai se reconstruindo o passo a passo da tentativa de golpe de Estado de Jair Bolsonaro. São lembrados os fatos e os personagens, as alianças com poderes e os vários produtores do bastidor histórico do golpe, os estratos sociais envolvidos e a sua lógica de promoção e financiamento; e por fim, o limite político concreto, a ausência final *no terreno da ação revolucionária*, de um dos atores centrais do movimento, os militares da ativa, seus generais e seus coronéis, que mantiveram o plano imaginário da ditadura bolsonarista funcionando até o último segundo histórico. Quando, então, não apareceram na própria *festa*. O estudo se situa claramente no limite da passagem do *tempo cronológico do calendário*, do vazio da vida como cotidiano e repetição política, ao *tempo da explosão do tempo*, rumo ao seu fundamento, das festas e revoluções, de Walter Benjamin, de um processo que *aconteceu*, imaginariamente, para seus atores mundanos, e simultaneamente *desaconteceu*, com o grande poder da normalidade institucional a enquadrar tudo. Talvez esse seja um novo estatuto do fato histórico, típico do tempo e de sua vida produzida como ficção.

Pode-se assim, em *A rebelião dos manés*, acompanhar um processo cotidiano de produção de política, de uma *revolução imaginária em falso*, de extrema-direita e antidemocrática, levado no mundo da vida, em cada um dos seus lances, marcando os seus múltiplos atores, o seu espírito e *sua cultura*. Constitui-se relato atento, exigente teoricamente, sobre fatos históricos vividos e de importância, uma historiografia dos eventos e das imagens, de uma revolta neofascista e seu mal condensado, limite e contínua ao mesmo tempo, tão importante para a história quanto a análise futura fria dos documentos que solidificarão o discurso sobre o seu então passado, o nosso presente. A historiografia de um corpo social vivo em seu presente, normalmente referida ao jornalismo de uma época, quando se trata de se saber o que se pensava, pode ganhar acuidade e profundidade quando articulada a um desejo histórico autoconsciente, como o deste trabalho. O pensamento de um tempo aberto e convulsionado, e seu corpo a corpo de *Terra em transe* ou de *Cultura e política, 1964–1969*, costuma guardar as intensidades vivas de uma história, dos desejos históricos existentes e frustrados a cada tempo, mas vivos no relato em contato com a coisa. Não é pouca essa contribuição para a própria imagem da história. Também aqui, como nos relatos de Tocqueville das jornadas revolucionárias contraditórias de 1848 na França, ou de John Reed sobre os dias e os acontecimentos da revolução soviética de 1917, sente-se *a força e o ultrapassamento histórico do vivo sobre o documento*, o que é o princípio teórico e filosófico deste tipo de ensaio, que marcam a avaliação de um tempo *em ato*. Gostaria de lembrar que também meus três estudos – sobre a nova natureza conservadora do imenso sucesso dos governos Lula, sobre a emergência da crise subjetiva e ideológica, a nova política de choque e de ódio simbólico, fundamental para a derrubada do governo Dilma, e a respeito da solidificação de um fundo social autoritário, violento e irresponsável sobre o governo de conveniência Michel Temer, dinâmica social ampla que preparou a chegada de Bolsonaro, e do bolsonarismo, ao poder – fazem parte deste gênero de literatura política *de corpo a corpo*, com crítica possível, emergente no Brasil. Curiosamente, para uma notação das afinidades intelectuais e do subterrâneo dos acontecimentos da cultura, foi o urbanista e crítico Pedro Fiori Arantes, um dos autores deste *A revolta dos manés*, quem me convenceu e induziu a escrever o pequeno ensaio sobre a crise e a explosão do poder de Dilma Rousseff – que eu não escreveria, se não fosse ele – pelo motivo mais simples do mundo: tendo lido minha reflexão sobre o processo político cultural do governo Lula, Pedro *queria saber* a minha leitura da catástrofe política que destruiu, quase da noite para o dia, o quarto governo petista…

A autorreferência aqui não é apenas porque tais estudos participam deste processo de escritura da história ao modo da recolha e atenção concreta aos seus movimentos no presente, que venho descrevendo, mas também porque o trabalho de Pedro Fiori Arantes, Fernando Frias e Maria Luiza Meneses completa, observando o bolsonarismo e a política subterrânea permanente de tomada do poder de Bolsonaro através de seu resultado e marca final – os atos populares golpistas de 8 de janeiro de 2023 –, o quadro histórico primeiro surpreendente, depois convulsionado, que foi se configurando em *Lulismo, carisma pop e cultura anticrítica, Dilma Rousseff e o ódio político* e *Michel Temer e o fascismo comum*. Se foi aquele movimento histórico e social, com suas próprias rupturas e continuidades, que barrou os governos petistas e trouxe à tona um governo baseado em um juridicamente frágil golpe parlamentar, foi também aquele processo, principalmente quando visto do ponto de vista de uma reorganização social do caráter combativo e afirmativo de uma nova direita, agora tendente à vida popular mais ampla, que estabeleceu o terreno histórico, as condições ideológicas, as intensidades de afeto e de linguagem, as táticas de propaganda e ação pública bolsonaristas, bem como as estratégias jurídicas de exceção, que permitiram a chegada de um personagem limítrofe de tudo, como Bolsonaro, ao poder.

Certamente *8/1: A rebelião dos manés*, tanto na sua expansão teórica dos problemas de uma cultura política em convulsão de uma democracia em grande déficit, quanto no quadro concreto do processamento histórico, completa o *resultado*, por assim dizer, do mundo político trabalhado naqueles outros livros. Vistos desta perspectiva, como projeto crítico constituído em embate com as marcas fortes de uma história do presente, que acompanhou toda ascensão e queda do poder do primeiro lulo-petismo, e a simultânea ascensão e queda do Bolsonaro-bolsonarismo, estes livros configuram um projeto e processo comum de leitura da história no Brasil. Lendo-os em conjunto, alguma imagem impressiva de quem foi marcado pela própria história deve advir, bem como será possível ao leitor observar as duas posições críticas de esquerda exigentes em trabalho, com resultados diferentes: a da crítica da totalidade político subjetiva da dominação, nacional e global, da forma mercadoria absoluta, e seus capitais produzindo sobre a vida social e do espírito, e a militante, experiente e exigente de luta política concreta e produtiva.

Por fim, quero deixar indicado um quadro paralelo de leitura da questão investigada por Arantes, Frias e Meneses: a de por que a direita bolsonarista convulsionada se tornou combativa e capaz de confrontar o poder que despreza, ou que finge desprezar, enquanto a esquerda depôs as próprias armas do empenho dos corpos como força de ação no confronto. Lendo o processo numa possível chave ampla, como venho sugerindo, é preciso lembrar como a esquerda brasileira, ou as esquerdas brasileiras, se reorganizaram fortemente ao redor do projeto de inserção democrática e institucional do PT nos anos que se seguiram à ditadura. Naquele quadro, o da dita redemocratização pós-1985, formou-se a ampla frente de múltiplas esquerdas, mais ou menos combativas, que se congregou no gigante movimento do partido trabalhista, com a sua gradual percepção da ideia de poder concentrado no líder Lula, de modo que o destino do PT, para amplos e múltiplos setores sociais, tornou-se o destino crítico verdadeiro de uma democracia tendente à social-democracia de fato e ao socialismo democrático. Foi esse o projeto dominante e vencedor como hegemonia das esquerdas saídas arrasadas e liquidadas em suas aspirações conflitantes dos 21 anos de ditadura modernizante/conservadora no Brasil. Durante mais de vinte anos, sindicatos de trabalhadores, associações civis, a Igreja Católica ligada à teologia da libertação, universidades, professores, cientistas e intelectuais, o espírito verdadeiramente democrático e esperançoso de populações urbanas, de uma sociedade muito autoritária e desigual, convergiram e se unificaram no projeto político institucional de levar Lula ao poder. Todo este movimento social e histórico implicava o constante rebaixamento da intensidade do corpo político de massa e de choque próprio da ideia clássica da esquerda, bem como a sua transferência para a gestão simbólica, política e "socialmente racional" do corpo do líder carismático, político "popular esclarecido", e seu corpo técnico de intelectuais, economistas, sociólogos, filósofos e políticos operadores da institucionalidade. Foram vinte anos deste maior movimento que a esquerda brasileira já conheceu, o da formação do PT e a levada, com vários estágios, de Lula ao poder, movimento pelo qual, sistematicamente, todos aqueles trabalharam. De 1981 a 2003, se configurou a aliança social de massas e a nova elite democrática, que se oferecia ao poder modulado entre oligarquias políticas tradicionais (PFL: DEM, PMDB: MDB) e a técnica conservadora de gestão modernizada (PSDB): o projeto de uma esquerda no poder através do guarda-chuva operatório do líder amado e do lado certo da história, seu corpo técnico amplo, ligado às universidades e às esquerdas desenvolvimentistas. A invenção da esquerda petista.

Ora, após a batalha ideológica de anos, e os reais ajustes de sinalização burguesa do partido, com o expurgo gradual das alas críticas, na terceira tentativa majoritária Lula chega ao governo, como coroação daquele processo de formação social do maior partido trabalhista de esquerda de uma democracia de massas, que, em 2003, passaria finalmente *ao ato*. De fato, muito poucos foram os socialistas que não se configuraram nesse processo político social, e continuaram pensando por fora dele. Começa então o segundo ato da pacificação da inquietação dos corpos pela *social-democracia mínima* do partido trabalhista de Lula. Com ele no governo, foram dez anos seguidos de efetivo desenvolvimento social, mesmo que tênue e simbolicamente artificial para os déficits sociais fantásticos do país. Mas com todos os dados simbólicos *legítimos* a favor: crescimento real e contínuo da economia de fato, acima do PIB mundial, aumento sistemático e real do emprego formal, aumento positivo da renda dos muito pobres, inserção de massas na vida e na fantasia subjetivante da sociedade de consumo, apresentação do Brasil ao mundo cosmopolita do capitalismo global como caso modelar, pagamento permanente da dívida pública, com controle político econômico astuto dos interesses e da baixa política de uso particular do Estado, pela engenharia do *ganha ganha* petista.

O projeto de uma esquerda democrática de gestão, operadora *iluminista* da baixa política nacional, e comprometida com a melhora real da vida dos pobres, através do líder político encantado de desejo, *efetivamente deu certo*, nos seus próprios termos, e, assim, arrastou a população brasileira para quatro eleições seguidas do PT, o que não é pouco. A subjetivação da esquerda, e seu modo de pôr o corpo na cena política, passou a confiar plenamente, ao longo destes 35 anos de trabalho, ascensão e realização de predomínio político, no modo de delegar a vida ao debate público *razoável*, aos iluminados e comprometidos políticos petistas, que garantiam a efetividade do ganho através de aceitação das regras do jogo, que aceitaram de fato. A hegemonia petista se deu, provavelmente, mais no âmbito da subjetivação política dos sujeitos de esquerda do que na própria transformação do quadro social e político profundos do país, como as várias rupturas de 2015 a 2018 acabaram por demonstrar. No entanto, os dez anos lulistas foram materialmente significativos para os pobres no país, e espetacularmente favoráveis *à mística petista*, assim confirmada.

É fato histórico e de teoria política contemporânea que o predomínio petista de 2003 a 2014 foi de tal monta, com seus ganhos históricos e sua adaptação à delegação da vida política ao partido trabalhista no poder, com Lula na cabeça, que ele se tornou imbatível, hiper-vencedor, *no quadro político dado*, arrastando as massas de classe média críticas, letradas, semi-formadas e a vida do trabalho para o seu sistema de sentidos, valores e modo de produção social. Ele só poderia ser vencido em um processo de destruição em toda linha, ruína absoluta do próprio sistema de razões que o criou, o enquadrou, no qual ele jogou e venceu, de fato um pacto social amplo construído ao longo de décadas com um certo quadro da democracia brasileira em *expansão*. Durante pelo menos 12 anos seguidos, o que é tempo maior do que a maioria das guerras e transformações históricas definitivas, petistas e afiliados se viram como plenos vencedores, como a leitura política verdadeira e real do país. O predomínio não era apenas político e técnico, mas psicopolítico e ideológico.

Em tal mundo, dentro e fora, a vitória política da esquerda era abstrata, gestionária, de celebração de força carismática, com os dados dos mínimos ganhos, reais, realizados pelo governo petista alimentando a satisfação imaginária de muitos. Mas, de fato, Lula e o PT enquadraram e definiram a política brasileira, e o desejo social, no andamento de sua estratégia e de sua ação.

Para superar tal situação, na busca de uma nova força política de oposição de direita, *foi necessária a destruição de toda regra, de todo o quadro que produziu tal hegemonia*. Como se sabe, a partir da derrota de Aécio Neves em 2014, se convocou de forma inédita aos acordos daquela democracia *pacificada* um processo de *impeachment* no dia seguinte ao pleito. Contava-se com a mobilização de massas passionais, alimentadas por dispositivos midiáticos de legalidade, sistema ideológico de operação de "valores" – operações jurídicas de grande porte com alvo político na esquerda no poder – que emergiram desde a tomada das ruas por manifestações conservadoras e antipetistas, que ocuparam de fato o vácuo do estalido sem objeto das reivindicações autonomistas de 2013, que duraram duas semanas na história. Porém, desde então, a paixão e o engajamento político da direita que se reorganizava como ideia, como corpo e como novo projeto, mesmo que bárbaro, durou anos e segue viva.

Como bem observaram os autores de *A rebelião dos manés*, já em 2015 e 2016 estava plenamente configurado o sistema de *pathos* e a ideologia paranoica extrema da direita que ascendia através *destes instrumentos*, o que está demonstrado no filme de 2017 *Intervenção, amor não quer dizer grande coisa*, para o espanto de muita gente e até hoje. Se, por um lado, a configuração política da nova direita, em estado de revolta e guerra *desde o primeiro tempo* necessário à luta antipetista, se deu pelo ataque institucional jurídico parlamentar – com a Lava-Jato do juiz Moro alimentando a ideologia da corrupção petista absoluta, confundindo o sistema geral da corrupção do Estado capitalista com o partido trabalhista no poder, em nome de tucanos e, em um segundo tempo, do messias do caos Jair Bolsonaro – mais as artimanhas políticas reais de um Congresso dominado pela direita, que permitiram ao verdadeiro *capo* evangélico Eduardo Cunha a abertura do processo de *impeachment* de Dilma Rousseff; por outro lado todo este movimento sempre contou com real organização da expressão popular e dos corpos afetados por todo tipo de paixão – conservadora do pior, fundamentalista evangélica, anticomunista, falso moralista, saudosa de ditadura militar, conspiracionista do nada, cínica ou apenas demente – nas ruas. Foi o papel político fundamental da convocação e da disseminação de mentiras nas redes, com cálculo permanente de resposta de marketing, do Movimento Brasil Livre (MBL), Vem pra Rua e do bolsonarismo de TikTok do gabinete do ódio de Carlos Bolsonaro. Tratava-se de um movimento, de linguagem, de afetos políticos, com a conversão da internet em espaço político de massas, de propaganda fascista – muito semelhante àquela analisada por Adorno –, que tinha na tomada das ruas e na espetacularização do ódio político o seu fim estratégico concreto. Não foi acaso que uma das únicas propostas de lei de Jair Bolsonaro, ainda em 2017, pregava a liberdade total de transmissão, sem limite de dados, de mensagens no WhatsApp… era a criação das reais redes de comunicação de massa de propaganda do bolsonarismo.

Esse foi, aliás, o grande ponto cego, conceitual e político, da esquerda oficial que se fundiu ao governo e ao Estado: ela jamais entendeu que o lastro real de sua derrota e perseguição jurídico parlamentar foi a tomada das ruas e a expansão de massas do *pathos* de direita, confusional e irracionalista, configurando a lógica neofascista no Brasil, que deu energia social material à possibilidade política impensável de um Bolsonaro legítimo em uma democracia liberal.

A esquerda oficial só sabia ler a política oficial. Ela não tinha sensibilidade — e parece ainda não ter — para a real psicopolítica do fascismo, sua convocação, sua linguagem penetrante nos adeptos e sua política material. Sua paixão e seus efeitos concretos de organização e poder. A impertinência, o desrecalque da violência direta, o direito à mentira de massas — bem liberado pela justiça e pelo jornalismo oficial em 2018... — como gozo direto e corpo a corpo do poder, o uso das redes coordenadas para a máxima circulação da propaganda fascista, a facilitação da política como ato final de reprimir, calar e erigir falso líder autoritário como solução absoluta, sem mediações sociais, históricas ou mentais, foi o princípio da *crítica ética como ação de paixão política*, que moveu a nova direita, desde o início até o ato final, radiografado em detalhes em *A rebelião dos manés*. Muito desta política de radicalização, que inventou a ideia de "polarização" — considerando a adaptação petista ao país como ele é, e seu sucesso na operação dos parâmetros da economia burguesa como eles são..., como um polo negativo absoluto, que ele nunca foi... —, também foi importada diretamente da política de classes norte-americana, republicana *tea party*, com os seus ideólogos e *marketingmen*, realmente armada contra a chegada ao governo da esquerda liberal, popular e de representação de minorias do democrata Barack Obama: movimento de fundo radical de classe, de mito de eleição religiosa, burguês americano antissocial, supremacista branco, racista e de vale tudo na ordem mesmo da operação da mentira e do choque simbólico do desprezo total às regras; afinal, como insistiu o vencedor da extrema-direita estadunidense, "Obama não era presidente, por que não era americano"...

A dimensão da mobilização ideológica passional de massas para a guerra política ativa, "cultural", contra uma esquerda *vencedora histórica em toda linha*, utilizou todo tipo de estratégia regressiva de consciência através da posse dos novos sistemas particulares de comunicação de massa nas redes. Ela reorganizou e deu sistema de "razões", passionais e de choque, a setores inorgânicos, policiais, religiosos populares e tradicionalmente autoritários brasileiros, reorganizando um sistema de interesses e de classes ao seu redor. E ela não foi compreendida minimamente pela esquerda petista oficial que, desconhecendo-a, a combatia sem eficácia nos gabinetes do Congresso, onde ela não estava, como se a crise política se mantivesse exclusivamente na esfera dos acordos; mas ela também não foi compreendida pela esquerda crítica, e pela militância social autonomista, que se confundia em alguma medida no interesse da crítica à normalização gestionária do horror por Lula, e de fato não produziu nome, nem força social, nem projeto possível para combater a expansão de massa do neofascismo no Brasil. Um ideário político simples, violento e direto, disposto a passar ao ato, *guerreiros prontos para a morte pelo Capitão*.

Esta política, da conversão de setores inteiros da vida social a um estado apaixonado de guerra, de *guerreiros imaginários contra o mal "comunista" sempre reposto*, ligados amorosamente à organização política e midiática *do líder belicoso da guerra*, Freud de fato a explicou em 1921, e o Brasil bolsonarista a demonstrou, desde sempre no processo de sua ascensão. Diante de tal paixão, e de tal movimento — que ainda alcançou 48 milhões de votos após a ruína grave, econômica, cultural, de genocídio e queimada, e até no plano de proteção básica à vida, de toda linha do que foi o governo Bolsonaro —, as repetidas avaliações edulcoradas petistas, e de intelectuais cuidadosos e responsáveis em 2018, *de que Bolsonaro não venceria aquela eleição* (e estas opiniões não eram poucas), demonstram a fragilidade geral de uma democracia esgarçada em reconhecer os seus vínculos de fundo com a solução fascista: a reafirmação regressiva e autoritária da própria ordem de exploração e repressão. Quando escrevo agora, passado um ano da eleição de Lula que venceu Bolsonaro, leio nos jornais que o governo *ainda se surpreende com a resistência da população arrastada para o neofascismo brasileiro*: 20% dos entrevistados em pesquisa nacional consideram o governo Lula péssimo, seja qual for a ação de economia, emprego, saúde, democracia e desenvolvimento que ele seja capaz de promover... Essa é a vitória real, social, e disposta a tudo, desde o início — "se eu for presidente fecho o Congresso no dia seguinte...", já disse o seu maior promotor —, das práticas políticas neofascistas no Brasil. Exatamente como Hitler, para a surpresa dos pactários liberais do mundo político aqui, como lá, Bolsonaro simplesmente buscou realizar o que sempre disse que faria...

Assim surgiram, e se expandiram, as práticas da "nova direita" de gozo do poder direto, corpo a corpo, genericamente sádico, de descompromisso com a cultura e com a inteligência, de vida política memética e conspiracionista, de aceleração da demenciação da crítica, anticomunista por farsa e roubo das energias políticas do passado, fundamentalista, dominada por senhores da guerra ou pelo ideal do exército messiânico do Brasil — como bem descrito em *Intervenção, o amor não quer dizer grande coisa*.

8/1: A rebelião dos manés olha para toda esta história desde o seu resultado final. A disposição para a revolta e para a guerra de destruição institucional do campo político, subjetivo e objetivo, bolsonarista, e sua compulsão à tomada de tudo. E, sobre ela, é sempre bom lembrar que a coragem "revolucionária" bolsonarista, que empenhou os corpos políticos na revolta conservadora do pior, contava durante todo o tempo do seu golpe com a solução do porrete atrás das costas das Forças Armadas do país, com a chegada das polícias, do exército e das milícias criminosas a seu favor. Sua coragem não era tão independente e pura. De fato, não era revolucionária, mas simplesmente agregada e submissa ao poder ditatorial arqui-tradicional brasileiro que conjurava. Aderir à força do Exército de Caxias do Império não era revolucionário no século XIX e continua não sendo no século XXI.

A rebelião dos manés queria nos fazer a todos manés de uma nova ordem de malandros, ideólogos fascistas e velhos militares brasileiros, tão espertos quanto ignorantes, no poder. Como se estivéssemos em 1964, o mito que tenta voltar, mas que, tudo indica, sob aquela forma se esgotou. Eles perderam, por enquanto. Mas também aprenderam que seus instrumentos fantásticos de subjetivação violenta e destrutiva, quando bem liberados pela luta política e pelas burguesias de um país em crise permanente, são capazes de produzir imenso poder.

Tales Ab'Sáber

Convite ao "estranhamento"
do 8 de janeiro

A tomada e a destruição dos palácios de Brasília seria um grande feito revolucionário, mas estranhamente nunca integrou o imaginário das esquerdas brasileiras, salvo na ficção, como nos filmes do cineasta e morador de Ceilândia Adirley Queirós. Mesmo nos 21 anos de ditadura entrincheirada em Brasília, nenhum atentado relevante, muito menos ameaça de tomada de palácios – talvez porque a derrota seria inevitável. Com grandes avenidas, esplanadas e horizontes desimpedidos, Brasília não é facilmente tomada por grupos insurgentes e barricadas: tropas militares rapidamente reagiriam e reprimiriam qualquer rebelião. Na redemocratização, marchas do Movimento dos Trabalhadores Rurais Sem Terra (MST) e outros movimentos populares, dos povos indígenas, sindicatos e estudantes, mesmo com anseios antissistêmicos, sempre respeitaram a intocabilidade de Brasília.

Símbolo de país moderno e de suposta integração nacional, "capital oásis", Brasília sempre foi um refúgio do poder e da classe política encastelada em torres e palácios em região árida, longe da pressão popular e de difícil ataque por inimigos externos ou internos. Inúmeras mobilizações, marchas e acampamentos, sempre dependentes de longos (e monitoráveis) deslocamentos vindos de outras partes do país, de fato ocorreram, sobretudo depois da redemocratização. Poucos levantes populares locais surpreenderam o aparato de repressão: em geral, atos de revolta de trabalhadores pobres (muitos deles ex-construtores de Brasília ou seus filhos) despejados de ocupações no Plano Piloto e devolvidos para as cidades-satélites nas periferias extremas. Ali o padrão de *apartheid*

Frame do filme de Adirley Queirós, *Branco sai, preto fica* (2014): uma "bomba cultural" vinda das cidades-satélites atingiria os palácios de Brasília

"modernista" é dos mais brutais no Brasil, como demonstraram diversos pesquisadores, depoimentos de antigos "candangos" e seus familiares, ou as alegorias de Adirley Queirós.

O Congresso Nacional foi "invadido" em poucos protestos contra votações na Nova República. A primeira delas por lideranças indígenas, em abril de 1987, para entregar aos constituintes propostas em defesa de terras e povos originários. Ao final, presentearam com um cocar o presidente do Congresso, Ulysses Guimarães.[1] Ocupações "temáticas", mais ou menos violentas, ocorreram em votações por garantia de direitos ou contra sua supressão.

Nas Jornadas de Junho de 2013, os manifestantes chegaram ao prédio, mas não o invadiram, apenas o cercaram e subiram em sua marquise. A manifestação era pacífica e um pequeno grupo de cerca de duas dezenas de pessoas pulou no espelho d'água do Palácio do Itamaraty e subiu na escultura

---

1. "Índios invadem o Congresso e entregam propostas." *Correio Braziliense*, 23 abr. 1987.

Frame do filme de Adirley Queirós, *Era uma vez Brasília* (2017): tiro de bazuca contra o Congresso, ao som da sessão de *impeachment* de Dilma Rousseff

Meteoro de Bruno Giorgi para usá-la de trampolim e erguer cartazes e bandeiras. Na sequência, outro grupo radicalizado, com rostos cobertos ou máscaras do Anonymous (inspiradas em Guy Fawkes), usou cones de sinalização para quebrar vidraças, jogar molotovs e ingressar no palácio, mas logo foram barrados pela polícia, que prendeu três pessoas.[2] Para fugir do gás lacrimogêneo e do spray de pimenta da polícia, mais gente se atirava no espelho d'água. Os cones também foram incendiados em vários pontos no entorno, criando um visual de confronto campal.

Outras tentativas recentes de invasão do Congresso ocorreram em 2016, durante a pressão pelo *impeachment* de Dilma Rousseff, e, no ano seguinte, com a presença de policiais protestando contra a Reforma da Previdência com Temer no poder. Em 2017, as vidraças do Congresso foram alvo de cones e barras de ferro, resultando em quebra-quebra, invasão de

---

2. "Grupo tenta invadir Palácio do Itamaraty e é repelido pela polícia." *G1*, 20 jun. 2013.

Em Junho de 2013, o Congresso não é invadido e apenas a marquise é ocupada

manifestantes e uma prisão. Em outros locais da Esplanada dos Ministérios, ocorreram ataques a prédios e confrontos. O presidente Michel Temer emitiu na ocasião um decreto de Garantia da Lei e da Ordem (GLO) convocando as Forças Armadas. A decisão enfrentou críticas, por ser uma resposta exagerada à manifestação. O decreto de GLO foi revogado no dia seguinte.

O episódio foi breve, mas deixou em evidência o debate sobre o papel das Forças Armadas, as circunstâncias sob as quais a GLO deve ser acionada e suas possíveis consequências. A GLO está prevista no famoso artigo 142 da Constituição Federal de 1988 que estabelece o papel das Forças Armadas como "garantidor" dos poderes constitucionais. Isso não significa que autorize as Forças Armadas a arbitrar conflitos entre poderes, como "poder moderador".[3] Diante do histórico de

---

[3]. Diante da leitura enviesada do artigo 142 por bolsonaristas e parcela dos militares, amparada pelo jurista Ives Gandra Martins, notório apoiador da ditadura, coube à Secretaria-Geral da Câmara dos Deputados emitir pare-

Na sequência, a polícia afasta os manifestantes que tentam invadir o prédio do Itamaraty

mais de dez golpes ou intentonas militares desde a proclamação da República, a convocação de uma GLO em Brasília em meio a uma rebelião pode levar à ruptura da ordem democrática e não à sua garantia. Como veremos, essa convocação da GLO depois de um quebra-quebra em Brasília estava na memória e nas intenções dos manifestantes de 8 de janeiro.[4]

Para além dessas tentativas recentes, um episódio pouco lembrado merece menção: a Revolta dos Sargentos, de 12 de setembro de 1963, que sitiou a capital por um dia, motivada principalmente pela reivindicação do direito a sargentos e praças de se candidatarem a cargos políticos, garantido apenas ao oficialato. Sargentos e praças eleitos em 1962 viram

cer informando que o artigo 142 da Constituição não autoriza as FFAA a arbitrarem ou moderarem conflitos entre poderes. Ver "Câmara emite parecer esclarecendo que artigo 142 da Constituição não autoriza intervenção militar", Câmara Legislativa, 4 jun. 2020.
4. "Invasão de bolsonaristas em Brasília é comparável a protestos em 2013 e 2017?" *BBC News Brasil*, 10 jan. 2023.

seus mandatos suspensos por decisão do Tribunal Eleitoral. As lideranças do movimento, predominantemente nacionalistas e ligadas à esquerda (trabalhista ou comunista), contrárias à tentativa de golpe contra João Goulart em 1961, apoiavam as Reformas de Base e o aprofundamento da democracia brasileira (Parucker 2009: 101–106). Essa ascensão política do baixo escalão, radicalizado e armado, precisava ser barrada. A cassação de mandatos e a proibição de se candidatarem foram confirmadas pelo Supremo Tribunal Federal (STF) no dia 11 de setembro, deflagrando a rebelião no dia seguinte.

Na madrugada, sargentos, suboficiais e demais praças assaltaram paióis de armas, prenderam oficiais superiores e tomaram pontos estratégicos de Brasília, como a Base Aérea, a Rádio Nacional e a Central de Radiopatrulha. Chegaram a fazer um ministro do STF refém. As forças legalistas, comandadas pela cúpula militar, reagiram: houve combate real na Esplanada dos Ministérios, resultando em baixas entre os rebeldes, mais de 500 presos, vários líderes condenados e expulsos das Forças Armadas. Para acalmar a cúpula militar, o presidente João Goulart autorizou uma brutal perseguição aos sargentos, o que acabou por desmantelar sua própria base progressista, "o esquema militar do brizolismo", dando espaço para a reação conservadora do alto comando (Parucker 2009: 220). A revolta acelerou a crise política do país, aumentou os temores de desagregação militar e articulações para um golpe de Estado. Ao contrário do que imaginava Goulart, a ala legalista ficou menos inclinada a defender o governo e alimentou a opinião de que era preciso uma "ação mais firme" para "salvar" o Brasil do comunismo e da desordem. Seis meses depois, o golpe de 1964 instauraria uma ditadura de 21 anos.

Mesmo com a dramaticidade da Revolta de 1963 e a hipótese de que o Serviço Secreto teria impulsionado *porras-loucas*

A Revolta dos Sargentos em 1963, Brasília sitiada por um dia

para permitir uma reação conservadora,[5] o 8 de janeiro de 2023 teve outra dimensão política e simbólica, com as sedes dos Três Poderes da República tomadas e depredadas praticamente sem resistência militar ou policial. Quem executou o feito, como se sabe, não foram os sem-terra, sem-teto, povos indígenas, nem *black blocs*, petistas, estudantes ou comunistas. A autoria foi dos autodenominados "patriotas", "cristãos" e

---

5. Paulo Parucker menciona a hipótese pouco provável de que a Revolta fora insuflada pela cúpula. No depoimento de um ex-sargento: "eu tenho até dúvida se não tem por trás o próprio dedo do Serviço Secreto [...] se não tem esse dedo fazendo ou permitindo aquilo, me parece que foi um negócio de *porra-louca*, de doidivanas" (p. 190). Haveria semelhança com o 8 de janeiro de 2023... Essa hipótese também ressoa a do "caso do Cabo Anselmo" (líder da Revolta dos Marinheiros no Rio de Janeiro em março de 1964) que, mesmo envolto em controvérsias, carrega a marca de uma possível ação de infiltração em que a radicalização visava uma reação justificada da cúpula militar, que veio cinco dias depois, com o golpe.

cidadãos de bem, enrolados em bandeiras nacionais, quebrando e estilhaçando os edifícios-símbolos do poder nacional, em demonstração de cólera antissistema e fúria milenarista.

Aqui interessa discutir, articulando estética e política, os acontecimentos de 8 de janeiro em seus vários ângulos e espelhamentos oblíquos. O que o ataque às sedes dos Três Poderes da República revela sobre o Brasil contemporâneo? Como expõe a capacidade de pensamento e ação da esquerda e da direita,[6] no sentido de atuar para mudar a história em seu favor? O 8 de janeiro é um caleidoscópio de forças e vertigens, em imagens e atos, apresentando de forma fugaz e impactante dilemas e fraturas do Brasil atual. Daquele espetáculo, entre o grotesco e o surpreendente, há importantes aprendizados sobre o que motiva e o que impulsiona a indignação e a capacidade de assumir riscos em defesa de causas e crenças para transformar o rumo da história.

Na medida do possível, evitaremos a denominação corrente do 8 de janeiro como "ato golpista" (sem negar essa

---

6. Não pretendemos aprofundar a infindável discussão das definições sobre esquerda e direita na política e suas frações moderadas ou radicais. Adotamos categorias livremente inspiradas em Slavoj Zizek (Cf. *Visão em paralaxe* e *Em defesa das causas perdidas*), para quem esquerda e direita não são blocos homogêneos, mas frações em movimento que se redefinem em cada contexto e momento histórico. Assim, podemos referir uma esquerda anticapitalista e/ou radical (que vai além das reformas superficiais ou da gestão do capitalismo e é hiper fragmentada em correntes e organizações) e uma esquerda institucional (ou da ordem e liberal), em geral pró-capitalista, nutrindo ilusões de humanizar o sistema sem rupturas, ou torná-lo pacificado e administrável, podendo adotar versões mais populistas ou tecnocráticas. De outro lado, a direita liberal (ou neoliberal) mantém agenda similar à esquerda da ordem, mas é ainda mais essencialmente comprometida com o capitalismo, porém sem ilusões humanistas, identitárias ou ambientalistas – o *business as usual*. Já a direita radical ou extrema, sem formar um bloco único, é constituída por frações como o populismo de direita, com seu nacionalismo étnico e discurso antielite; o fundamentalismo religioso, especialmente cristão, como resposta à crise da política, do capitalismo e da modernidade – daí seu viés messiânico e apocalíptico; o neofascismo, neonazismo e demais grupos racistas extremistas; e os ultraliberais, adeptos do totalitarismo de mercado, chantageando permanentemente a democracia.

dimensão, evidentemente), procurando indicar outras visões sobre aqueles acontecimentos. Estimularemos o "estranhamento" ou "distanciamento" no sentido brechtiano, isto é, provocaremos o leitor a ir além do familiar, do senso-comum estabelecido (e naturalizado) sobre os fatos, para fazer novas perguntas e refletir de forma crítica. Segundo Brecht, "distanciar um acontecimento ou um caráter significa antes de tudo retirar do acontecimento ou do caráter aquilo que parece óbvio, o conhecido, o natural, e lançar sobre eles o espanto e a curiosidade" (citado por Bornheim 2008: 243). Pensemos por um momento que o 8 de janeiro foi um ato insurrecional e o olhemos por esse ângulo, tão caro à esquerda.

Discutiremos o paradoxo gerado pelo espelhamento em conjunto com inversões e sobreposições entre revoltas e insurgências de esquerda e direita na última década no Brasil.[7] Paradoxo herdeiro das Jornadas de Junho de 2013 quando, aliás, a palavra "insurgência" entrou de vez no léxico brasi-

---

7. Categorizações sobre formas de ação política não institucional — revolta, sublevação, rebelião, levante, intentona, insurreição, insurgência (e contrainsurgência), conjuntura revolucionária, revolução (e contrarrevolução ou golpe), guerra civil — também são controversas, envolvem dimensões históricas, teóricas e empíricas em diferentes contextos. O emprego do termo "insurgência" para as Jornadas de Junho de 2013 é polêmico e adotado com precaução por alguns autores, como Paulo Arantes (em *Depois de Junho a paz será total*). É frequente a definição de revolta contra o aumento das passagens de ônibus (como a Revolta do Buzu em Salvador, dez anos antes, em 2003), mas, como ela escalou em 2013, em dimensão e profundidade, para outras cidades, com novos sujeitos e pautas, mantendo a ação de rua mesmo após a reversão dos aumentos das tarifas, tem sido comum designar a "revolta dos 20 centavos" como rebelião (de massa, mesmo sem direção centralizada, com grupos diversos auto-organizados) ou levante e insurgência por seu sentido prolongado, que afetou profundamente a popularidade de governos e a natureza da política no Brasil. Não se tornou, contudo, um processo revolucionário. No caso de 8 de janeiro, normalizado pela mídia como "Atos antidemocráticos" ou "Atos golpistas", utilizaremos diferentes termos conforme o ponto em discussão, mas consideramos mais correta a definição como "rebelião" e "insurreição" (ou ainda "intentona", pelo seu fracasso), no sentido de um levante contra a autoridade estabelecida, as instituições democráticas e o resultado das eleições.

leiro (Arantes 2014: 47), com ocupações de praças, Câmaras Municipais e da marquise do Congresso Nacional, além das enormes manifestações de rua. Uma movimentação rebelde após anos de relativa paz social – produzida tanto por pacificação armada e administração militarizada da vida social, via Unidades de Polícia Pacificadora (UPPs), por exemplo, quanto por cooptação em vários níveis: aceitação das regras do jogo institucional pelos movimentos populares, desejo de inclusão em novos padrões de consumo, desejo de ser classe média e virar empreendedor, renegando a condição, identidade e consciência de classe trabalhadora etc. Junho evidenciou a divisão e a ruptura entre a esquerda institucional que operava o Estado e a normalização capitalista (por isso garantidora da ordem, da repressão e da inclusão sem contestação) e uma nova esquerda insurgente e anticapitalista, com protagonismo jovem e autonomista, como discutiu Paulo Arantes em *Depois de Junho a paz será total* (2014). Um desencontro histórico e trágico no campo progressista que, ao fim, levou à ascensão da extrema-direita, colocando a democracia em risco.

Como veremos, a direita aprendeu com a esquerda insurrecional a ocupar a rua com ousadia e ir além, enquanto a esquerda institucional recuou, autorizou forte repressão policial e buscou "governabilidade", ajoelhando-se diante dos interesses do capital e da política fisiológica. A direita radical incorporou a tática insurrecional ao perceber que ela venceu e obteve o que pretendia: em menos de duas semanas de levantes em junho de 2013, conquistou a redução das tarifas em dezenas de cidades brasileiras, espaço na mídia[8] e um tsunami na internet. Em 2015, novo levante da esquerda autônoma e insurgente: os secundaristas ocuparam mais de 200 escolas em São Paulo (e 800 no Paraná, no ano seguinte, já na luta

8. O movimento foi duplo: de um lado os manifestantes, em especial o Movimento Passe Livre (MPL), conquistaram espaço na mídia hegemônica e turbinaram mídias ninjas e, de outro, empresários da comunicação produziram um enxame midiático antipetista, fortalecendo sobretudo a bandeira "anticorrupção" e "antissistema", abrindo o espaço que seria ocupado pela Lava-Jato.

contra o novo ensino médio), fazendo o Governo do Estado recuar, demitir o secretário de Educação e cancelar a reestruturação imposta. Novamente apanharam da polícia, foram criticados pela esquerda da ordem e quase apagados da história (quem ainda faz referência às revoltas secundaristas?).

Também em 2015, na mesma ressaca de aprendizados de 2013, começaram as ações de rua e protestos puxados pela própria direita, visando à derrubada da então presidente Dilma Rousseff. Enfurecidos nas ruas, batendo nas panelas ou em pixulecos (mas prontos a agredir adversários), com pautas anticorrupção, mas sobretudo anticomunistas, já experimentavam um estado de insurgência caso a presidente não fosse deposta.[9] Mobilizavam estruturas de ódio enraizadas historicamente, uma "verdadeira política identitária de classe, cujo lastro organizador do mundo é o ódio antipopular brasileiro" (Ab'Sáber 2015: 43).

O filme *Intervenção* dos cineastas Tales Ab'Sáber e Rubens Rewald (lançado em 2017, mas com material de 2015) já nos alertava, antecipando o imaginário beligerante dos *cidadãos de bem* prontos a um levante. Num conjunto de imagens recolhidas de redes sociais, podemos ver um desfile paranoico de depoimentos clamando por intervenção militar. Numa das cenas, um "Comendador" conclama, ainda em 2015 e na esteira do *impeachment*, os *cidadãos de bem* a uma invasão ordeira do Congresso. E, ao final do filme, um "patriota" insone declara a grande vontade de "jogar uma bomba em Brasília, acabar com tudo". Ou seja, para uma parte da extrema-direita, o ataque a Brasília já era entrevisto como único meio para reverter a "degeneração" da nação.

Em 8 de janeiro de 2023, veremos o resultado desse (des)encontro com sinal trocado entre esquerda e direita, como polos que se repelem e atraem, em situação típica das

---

9. Lembremos que o *impeachment* não foi só resultado da voz das ruas, mas uma confabulação que envolveu Parlamento, Judiciário, grande mídia e interesses do capital.

guerras "de posição" e "de movimento" da teoria gramsciana.[10] Neste caso, a vanguarda da direita cumpriria o papel insurrecional que cabe historicamente à esquerda, enquanto esta recalcava e desmoralizava sua fração rebelde para (novamente) atuar como gestora do sistema, em conciliação e submissão aos interesses do capital e da política fisiológica, na manutenção da ordem, com repressão e pacificação social.

De outro lado, a direita da ordem acumpliciou-se e aceitou ser liderada pela ala radical e extremista, entrevendo novas oportunidades de negócios, predação social e ambiental, bandidagem sem freios. Lembrando: a ascensão do fascismo, do nazismo e das ditaduras sul-americanas sempre recebeu o apoio dos principais capitalistas e das máfias locais. Por isso, em meio ao nevoeiro da insurgência extremista, além de militares operando e pastores inflamando as massas, há homens de negócios entrincheirados, ampliando lucros, rendas, juros e acumulação por despossessão. A outra face dos extremistas em cólera quebrando palácios são os executivos da avenida Faria Lima calculando ganhos fabulosos. Neste jogo de reflexos, a direita fundamentalista e a direita capitalista aparecem na mesma imagem. À noite, ou em tempos sombrios, torres corporativas espelhadas tornam-se transparentes e, por trás do reflexo, vê-se na luz quem ocupa as salas de controle, do dinheiro e da história.

---

10. Gramsci desenvolveu esses conceitos refletindo sobre como classes subalternas disputariam o poder para transformar a sociedade. Usou-os como metáforas derivadas de estratégias militares para diferentes táticas de luta política e social. Guerra de posição é disputa paciente pelo controle da sociedade, concentrando-se nas instituições culturais, políticas e sociais que formam a "trincheira" e a "fortaleza" da classe dominante. A mudança revolucionária seria um processo prolongado, a classe subalterna devendo primeiro ganhar a batalha pela hegemonia cultural e ideológica. Guerra de movimento é uma ofensiva rápida e direta contra o Estado e as forças capitalistas, semelhante à guerra de manobras no campo de batalha e à estratégia revolucionária tradicional, ou uma rebelião insurgente, como no 8 de janeiro.

Cidadãos de bem em fúria
A direita se tornou insurgente?

Entre gritos de cólera, frenesi destrutivo, *selfies* autoincriminatórios, pedidos de intervenção militar, facadas e pauladas em obras de arte, defecação simbólica, focos de incêndio etc., destacava-se a inscrição nas vidraças do Supremo Tribunal Federal (STF) e na escultura da Justiça: "Perdeu mané" ou "Perdel mané". Desde novembro de 2022, parcela dos "patriotas" se apresenta como "manés em revolta" contra o Tribunal Superior Eleitoral (TSE) e o STF, conjurados com o PT, o comunismo e o globalismo internacionais, que assolariam o Brasil. Não por acaso, o STF foi o edifício mais depredado pelos manifestantes.

Adotaram a autodenominação "Mané" depois que Luís Roberto Barroso, o ministro do STF, abordado por um bolsonarista após a eleição de Lula, virou-se com leve sorriso e disparou: "Perdeu, mané, não amola".[1] A frase gerou uma avalanche de memes, musiquinhas de deboche e um enorme ressentimento nos perdedores, o que reforçou sua teoria de que o STF estava envolvido na conspiração que fraudou as eleições para derrotar Bolsonaro. De outro lado, a esquerda eufórica com a vitória transformava Barroso em "herói da lacração", esquecendo que um ano antes ele fora algoz de Lula, em um novo jogo de inversão de posições.[2]

[1]. Vídeo disponível no YouTube. Consulta em 5 jun. 2023.
[2]. Meses antes, no julgamento da suspeição de Moro no STF, Barroso chamara o PT de quadrilha e Lula de criminoso. O momento do seu voto está disponível a partir do minuto 12 do vídeo "Voto do ministro Luís Roberto Barroso no STF sobre a suspeição de Sérgio Moro no julgamento de Lula". Disponível no YouTube. Consulta em 7 nov. 2023.

Estátua da Justiça, obra de Alfredo Ceschiatti, com a inscrição "Perdeu Mané"

Do lado dos "manés", a alcunha foi invertida e assumida: afinal, os perdedores de uma eleição dita fraudada se identificaram mesmo como manés submetidos à "malandragem" dos ministros do Supremo. Para eles, o STF e o TSE agiam como principal barreira à ascensão irresistível da extrema-direita. Desde a eleição de 2018, a esquerda não era mais o maior adversário do bolsonarismo,[3] nem o Congresso (depois do acordão com Arthur Lira, em 2020), mas o Supremo,

---

3. O bolsonarismo é um termo que surgiu na mídia e na academia entre 2017 e 2018 para designar não apenas os eleitores e seguidores de Jair Messias Bolsonaro, mas um novo modo de romper e redefinir o pacto social brasileiro da Nova República, com fortes riscos à democracia. Esther Solano foi uma das pioneiras na definição, ao tratar, ainda em 2018, da "bolsonarização da esfera pública" no Brasil. Ela e os demais autores do livro *O ódio como política: a reinvenção das direitas no Brasil* (Boitempo, 2018) analisaram como o ultraneoliberalismo, o capitalismo predatório, a erosão do Estado e de políticas mínimas de bem-estar social, o aumento do hiperindividualismo e uma forma de antipolítica que glorifica o passado se infiltraram no discurso público. O bolsonarismo seria, no limite, uma "politização da antipolítica" com vetor autoritário e regressivo, mobilizando o ódio (e a morte) como política.

STF durante a invasão com "Perdel Mané" e "Jesus", grafados nas vidraças com jato de extintor

que tinha inquéritos abertos sobre *fake news*, "Gabinete do Ódio" e "Milícias Digitais"; sobre os atos antidemocráticos em 2020 (entre eles o acampamento dos "300 do Brasil", do qual trataremos adiante); sobre interferência de Bolsonaro na Polícia Federal; sobre crimes da pandemia etc. Além disso, em 2022 o TSE atuou para barrar a avalanche de mentiras nas redes durante a campanha eleitoral, além de intervir para suspender os bloqueios direcionados em estradas pela Polícia Rodoviária Federal no dia da eleição.

Por isso, em todas as manifestações de rua da extrema-direita, o STF era o "Supremo Alvo" do bolsonarismo, última barreira a ser vencida para seu projeto de poder. Uma das *hashtags* e faixas mais conhecidas dizia "Supremo é o povo!" e não o Tribunal. E a maior ameaça era a "Ditadura do STF" (e não a do PT...), pois a Corte estava impondo limites ao *modus operandi* extremista enquanto a esquerda seguia semiparalisada. Já em 2018, Eduardo Bolsonaro, um dos filhos do então presidente, ameaçava fechar o Supremo "com um soldado e um cabo", "não manda nem um jipe" – dando a entender

Bolsonaro na avenida Paulista, no Dia da Independência, incitando seguidores contra o STF: "Só saio morto, preso ou com a vitória. E preso não serei"

que o STF poderia ser varrido com um peteleco das Forças Armadas.[4]

A Corte tinha se tornado, para além de tribunal, um dispositivo de comunicação midiático que confrontava o bolsonarismo e suas narrativas. As transmissões pela TV e o caráter retórico e performático dos votos de cada ministro ampliaram a dimensão espetacular do STF. A imprensa, na sequência, repercutia e polemizava cada voto e cada bate-boca entre ministros. Já era mais fácil lembrar nomes dos juízes da Suprema Corte do que dos jogadores da seleção de futebol.

Dada a falta de ação mais contundente da esquerda institucional no Congresso, nas ruas e nas redes, acuada ainda pela pandemia e reduzida à defesa da ordem, o espaço de opo-

---

4. "Eduardo Bolsonaro diz que basta *um soldado e um cabo* para fechar STF." *Agência Brasil*, 21 out. 2018.

Manifestante com cartaz "Abaixo a ditadura do STF"

sição ao bolsonarismo foi ocupado pelos ministros do STF,[5] que assumiram a posição e os louros de último baluarte em defesa do Estado de Direito. Aliás, lembremos que há nessas acusações algum fundo de verdade, pois nos últimos anos o STF tem sido, de fato, ator decisivo na política brasileira, atirando para todos os lados.

Desde 2014, o STF demonstrou alinhamento em diversas manifestações favoráveis à operação Lava-Jato. Destacam-se a decisão pela possibilidade de prisão após condenação em segunda instância, a ratificação de acordos de delação premiada, a restrição do foro privilegiado de parlamentares, a homologação de delações relevantes como as da Odebrecht, a aplicação da teoria do domínio do fato e a manutenção da

---

5. E além deles, no período da pandemia, pelos cientistas das universidades e institutos públicos, que se tornaram importante força política de oposição ao bolsonarismo e à conduta criminosa do governo. Ver Vanessa Sígolo, Pedro Arantes et al. "A onda pró-ciência em tempos de negacionismo: percepção da sociedade brasileira sobre ciência, cientistas e universidades na pandemia da Covid-19." *Ciência & Saúde Coletiva*, dez. 2023.

competência do então juiz Sérgio Moro em casos da operação, consolidando a legitimidade e o avanço das investigações e condenações no período. Em 2016, o STF impediu Lula de assumir a Casa Civil de Dilma baseado em um grampo ilegal divulgado por Moro e endossou o processo de *impeachment*, dando o verniz constitucional para o golpe parlamentar. O tiro de misericórdia veio em 2018: após um tuíte intimidatório do General Villas Boas, o STF votou pela prisão de Lula depois da condenação em segunda instância,[6] em decisão claramente inconstitucional, beneficiando Bolsonaro nas eleições daquele ano.

O pêndulo mudou de lado quando o *establishment* começou a perceber os riscos às instituições, à democracia, ao meio ambiente e sobretudo aos negócios com o governo Bolsonaro. Em novembro de 2019, o Supremo revisou sua decisão sobre a prisão em segunda instância, libertando Lula para ser candidato em 2022 – o único com chances de derrotar Bolsonaro. E ainda declarou suspeição de Moro no caso, o que levou à anulação das condenações de Lula. A partir de então, o STF afastou-se do alinhamento com a Lava-Jato e deu autorização para desmobilizar e desmoralizar a operação. Comandando a blitz contra o bolsonarismo em vários inquéritos, Alexandre de Moraes tornou-se o principal antagonista de Bolsonaro e o mais execrado pelos extremistas. Barroso, autor da frase "Perdeu, mané, não amola", também é odiado por sua defesa das causas ambientais e das minorias, em especial da comunidade LGBTQIA+.

Sem entrarmos no mérito de sua própria existência, fora do Brasil as supremas cortes têm sido foco de grandes disputas políticas. Nos EUA, Trump conseguiu emplacar uma maioria reacionária, que tem revertido decisões históricas, como a legalidade do aborto e as políticas afirmativas nas

---

6. "O tuíte do general Villas Boas é a maior chantagem à Justiça desde a ditadura." *Rede Brasil Atual*, 4 abr. 2018.

universidades.[7] Em Israel, que também é referência política para a extrema-direita brasileira,[8] o primeiro-ministro Benjamin Netanyahu, mesmo com ampla oposição nas ruas, conseguiu aprovar uma lei que permite à maioria no Congresso reverter decisões da Suprema Corte.[9] Steven Levitsky e Daniel Ziblatt, autores de *Como as democracias morrem*, alertam que o ataque ao Judiciário costuma ser o primeiro passo dos autocratas para se perpetuar no poder. Para eles, as democracias liberais capitalistas atualmente não estariam mais em risco de uma quebra abrupta e violenta da ordem – em vez disso, o autoritarismo avançaria enfraquecendo instituições fundamentais e erodindo contínua e discretamente leis e normas estabelecidas.

Para além dos conhecidos ataques verbais ao STF, Bolsonaro indicou dois ministros totalmente alinhados (incluindo um "terrivelmente evangélico"), tentou defender *impeachment* de ministros, redução de mandatos, uma emenda constitucional para retirar os juízes com mais de 70 anos e ainda aumentar o número de ministros para indicar novos aliados. Também autorizou o grampo ilegal do ministro Alexandre de Moraes e, como indicam as minutas de golpe que foram reveladas, a intervenção ocorreria sobretudo no STF e no TSE, presidido por Moraes.[10]

É nesse contexto que o ministro Barroso, ao retrucar a um bolsonarista arrasado com a derrota chamando-o de "mané", calou fundo no orgulho ferido dos patriotas extremistas e confirmou suas teorias da conspiração: afinal, o STF é mesmo composto pelos antagonistas dos manés, por "malandros",

---

7. "Suprema Corte dos EUA conduz cruzada contra direitos." *Brasil de Fato*, 7 jul. 2023.
8. Ver o livro de Michel Gherman, *O não judeu judeu: A tentativa de colonização do judaísmo pelo bolsonarismo*. Rio de Janeiro, Fósforo, 2022.
9. "A polêmica reforma judicial proposta por Netanyahu vista como ameaça à democracia em Israel." *BBC News*, 4 mar. 2023.
10. "Seis pontos que explicam o teor golpista da minuta sobre intervenção no TSE." *Carta Capital*, 13 jan. 2023.

A 'Revolta dos Manés' na Primavera Brasileira

Maioria da população não aceita o "semi-presidencialismo" sem amparo constitucional, no qual o ativismo do Judiciário (poder não-eleito) desequilibra a relação com o Executivo e o Legislativo

Artigo "A Revolta dos Manés" na *Jovem Pan*

que estariam mancomunados com os "bandidos" (também malandros) do PT. Poucos dias depois da frase de Barroso, alguns acampamentos diante de quartéis já assumiam em faixas, falas e mensagens a condição de manés em revolta.[11] Isto levou um colunista da *Jovem Pan* a anunciar "*A Revolta dos Manés* na Primavera Brasileira" em 21 de novembro de 2022.[12] O ato de 8 de janeiro também foi convocado como "Levante dos Manés" pelo grupo Selva e em um post do Comandante Valadão, candidato bolsonarista derrotado.

---

11. No acampamento defronte ao comando militar do Sul, Porto Alegre, estava a faixa: "Manés não aceitam mais pagar os salários do STF", como no vídeo "Manifestação no RS — A revolta dos manés". Consulta em 2 jun. 2023.
12. Jorge Serrão, "*A Revolta dos Manés* na Primavera Brasileira". *Jovem Pan*, 21 nov. 2022.

Posts de "Tomada do Poder" nas redes bolsonaristas dias antes do 8 de janeiro

Antes de retornar à tomada dos palácios de Brasília pelos "patriotas" em fúria, voltemos ao ponto de partida: afinal, a tomada de palácios por massas de civis em rebelião não era uma forma histórica de insurreição de esquerdas, comunistas, operários e camponeses derrubando monarquias e ditaduras? O que está invertido no espelho político e ativista da esquerda e da direita no Brasil e no mundo, nos últimos anos? Os "desejos antissistêmicos associados à esquerda" mudaram de lado (Nunes 2022: 77)? O brado leninista "esmaguemos o Estado" foi assumido pela direita e a história se inverteu (Foster 2020: 48)? A direita, e em especial sua fração extremista, tornou-se "força rebelde" (Stefanoni 2021: 12)? Estamos diante de um "jogo de coisas trocadas", de um "espantoso deslizamento semântico" entre esquerda e direita, colocando "o mundo de ponta-cabeça" (Arantes 2000: 31)? O 8 de janeiro foi o ponto culminante da transformação da "política como guerra" e como "guerra insurrecional" (Leirner 2020: 190)? Quando os "tradicionalistas" decidiram ser preciso colocar tudo abaixo e tornaram-se radicais antissistema (Teitelbaum 2020)?

A memética de convocação para o 8 de janeiro revela o *ethos* de insurgência e sentimento de urgência assumidos pela extrema-direita e sua máquina de captura imagética das práticas de esquerda. O uso da expressão "Tomada do Poder" torna-se recorrente. A mensagem em código para sinalizar a ação de ocupar é imitada das ações de sem-teto e sem-terra: em dia de ocupação, a senha para a troca de mensagens é chamá-la de "dia de festa". Para o 8 de janeiro, criaram a senha "Festa da Selma" (em alusão ao grito militar "Selva").[13] Em um post, o punho esquerdo erguido e fechado, símbolo da esquerda, aparece tingido de verde-amarelo. Em outro, nova ironia, a citação de uma frase de José Dirceu, agora apropriada pelos patriotas de todo o Brasil: "Vamos tomar o poder, o que é diferente de ganhar uma eleição!". O jogo de espelhos é percebido e enunciado: a direita agora luta como a esquerda insurgente. Mas "será maior!".

---

13. Bruno Fonseca e Laura Scofield, "Bolsonaristas usam código *Festa da Selma* para coordenar invasão em Brasília". *Agência Pública*, 8 jan. 2023. Em 17 de agosto, a PF prendeu alguns dos responsáveis por convocar nas redes sociais a "Festa da Selma", entre eles um pastor, uma cantora gospel e um *influencer* bolsonarista. Em *Metrópoles*, 17 ago. 2023. E assim continuava o convite: "A Selma não convidou crianças e nem idosos, quer somente adultos dispostos para participarem de todas as brincadeiras, entre elas: tiro ao alvo, polícia e ladrão, dança da cadeira, dança dos índios, pega pega, e outras" (transcrito no relatório da CPMI do 8/1, p. 620).

História e imaginário da tomada de poder

Desde a Queda da Bastilha na Revolução Francesa, em 1789, a insurgência é associada às classes populares tomando a história em suas mãos e depondo os representantes das classes proprietárias. O famoso assalto ao Palácio de Inverno, em Petrogrado, na Revolução Russa de 1917, tornou-se o arquétipo da derrubada da velha ordem e do estabelecimento de um novo regime. Foi representada em obras clássicas do cinema (*Outubro*, de Sergei Eisenstein, de 1928) e da literatura (*10 dias que abalaram o mundo*, de John Reed, de 1919). Na pintura, foi retratada por um dos artistas da revolução, Ivan Vladimirov, e, depois, fartamente representada pelos pintores do realismo socialista stalinista, como no mural de Pavel Sokolov-Scalia, de 1947. A aquarela de Vladimirov, pintada no calor do momento, é especialmente curiosa por ser uma metanarrativa alegórica, em que os revolucionários fuzilam e perfuram com baionetas os quadros de czares e de figuras da nobreza russa no Palácio de Inverno.

O filme de Eisenstein, que eternizou de forma esteticamente revolucionária a própria revolução, também retrata a multidão percorrendo salões e corredores do palácio e defrontando-se com obras de arte, em geral greco-romanas e cristãs, e mobiliário afrancesado e luxuoso da corte czarista. A tomada do palácio é retratada como um confronto entre o povo e os restos do governo. Eisenstein emprega um conjunto de técnicas cinematográficas, incluindo cortes rápidos, *close-ups* e montagens contrastantes, para provocar um senso de caos e, eventualmente, de triunfo. A montagem

Ivan Vladimirov, "A tomada do Palácio de Inverno", aquarela, 1917

cria um contraste impressionante entre os revolucionários — rudes, empoeirados e armados — e as obras de arte do palácio, frágeis, de mármore branco e "civilizadas". Isso cria um efeito visualmente poderoso. Do ponto de vista simbólico, as cenas são carregadas de significado: ao depararem as obras de arte, o mobiliário e a adega czarista, os revolucionários confrontam os símbolos da velha ordem que derrubaram. Alguns são retratados manuseando-as de maneira descuidada ou destrutiva, enfatizando sua rejeição aos valores da antiga elite e da cultura russa ocidentalizada. Há uma dimensão irônica: os revolucionários, na maioria trabalhadores e soldados, não têm familiaridade com esses objetos de arte e nem mesmo com os do cotidiano (um bidê). Como estão fora de seu repertório cultural, suas tentativas de interagir com tais obras parecem cômicas e absurdas. A queda do antigo regime e o surgimento do novo vêm pelas mãos rudes de "bárbaros".

Revolucionários tomam o Palácio de Inverno. *Frame* do filme *Outubro*, de Eisenstein, 1928

São eles que, naquele contexto, possuem o senso de justiça, de urgência e da mudança do curso da história.

No imaginário das esquerdas, desde então, uma revolução envolve a tomada épica dos palácios do poder e o confronto entre a plebe inculta revolucionária e o elitismo opulento do regime a ser derrubado. Na América Latina, mesmo antes de 1917, na Revolução Mexicana, ocorreu também a tomada do palácio presidencial: na famosa cena do filme *Viva Zapata!*, de Elia Kazan (1952), Emiliano Zapata se recusa, surpreendentemente, a ocupar a cadeira presidencial — o que redundará na traição da revolução pelos liberais e em seu assassinato. Em 1959, em Cuba, mesmo sem o potencial simbólico soviético, a marcha dos revolucionários e sua entrada em Havana culminaram na tomada do palácio presidencial e na fuga do ditador Fulgencio Batista, em plena festa de ano novo. Em maio de 1968, a ocupação insurgente das universidades de

Jesus abençoa a família do Czar, pintura no quarto da czarina encontrada pelos revolucionários. *Frame* do filme *Outubro*, de Eisenstein, 1928

Nanterre e Sorbonne viraria a pólvora da rebelião estudantil que colocaria rapidamente o governo francês nas cordas.

No livro *Révolutions* (2000), Michael Löwy e colaboradores revisitam quase um século de revoluções, da Comuna de Paris à Revolução Cubana, como uma história da insurgência popular em imagens. Esse é o período de ascensão da própria fotografia como técnica e linguagem, registro e intenção ao narrar visualmente revoluções sociais de inspiração igualitária, que visavam abolir as classes e dar poder aos trabalhadores. Dialogando com Susan Sontag, Löwy comenta que "a fotografia dá a ver gestos, certas situações, determinados movimentos e formas concretas que constituem o espírito único e singular de cada revolução" (p. 14). Nas imagens, a revolução não é abstrata, mas material, não é mero conceito, mas retrato da ação das massas alterando seu destino.

A história da imagem produzida mecanicamente se plasma na história das revoluções e muitas dessas imagens transcendem o caráter meramente documental. Como já propôs Susan Sontag no livro *Sobre fotografia* (1977), a fotografia não é apenas uma representação passiva da realidade, mas interpretação ativa, que seleciona e interpreta o mundo. Ela pode distorcer, omitir e ficcionalizar a realidade, ainda que pareça seu registro fiel. As fotografias também influenciam e moldam a memória social, muitas vezes substituindo ou alterando a percepção da história. Daí sua natureza política, na decisão do que deixar ou não a ver e ser lembrado. Embora Sontag afirme que a fotografia, por sua natureza de reprodução técnica e disseminação massiva, é intrinsecamente ligada à lógica capitalista, ao retratar os levantes, ela estaria atuando a favor da memória insurrecional das classes oprimidas. Tais imagens foram capazes de inspirar multidões no que seria o "parto da história", a fantasia em ato do assalto ao poder.

Mais recentemente, o filósofo francês Didi-Huberman organizou a exposição *Levantes* (*Soulèvement* ou *Uprisings*) no Museu Jeu de Paume, que rodou o mundo a partir de 2016 e esteve no Brasil em 2017. Com a hipótese da evidência dos levantes a partir de imagens, na pintura, gravura, fotografia e cinema, o objetivo era

testar como as imagens frequentemente apelam às nossas memórias para dar forma a nossos desejos de emancipação; e como uma dimensão *poética* consegue se constituir enquanto *gesto de levante* (p. 18).[1]

---

1. A exposição estava organizada em cinco núcleos curatoriais ou gestos, no sentido brechtiano: *gestus* como índice revelador das relações sociais, que contém em si uma dimensão crítica ou didática para tornar visíveis as contradições. Eram eles: 1) Elementos: as forças da natureza desencadeando a revolta, tempestades e outros fenômenos naturais como metáforas para a agitação política e a imaginação que move montanhas; 2) Gestos: intensos, de revolta, da prostração ao levante, braços que erguem, corpos que dizem

Capa da edição inglesa do livro *Revoluções*, org. Michael Löwy

O imaginário dos levantes, impregnado por suas imagens potentes, sempre esteve associado às rebeliões dos oprimidos, dos subalternos, escravizados, colonizados – de todos os submetidos a mandos, explorações e violências brutais. Como diz Judith Butler na apresentação de *Levantes*, "seres humanos fazem levantes porque estão fartos de se sujeitar [...] quem faz um levante o faz ao constatar um *sofrimento inaceitável*" (p. 23). E fornece exemplos: um levante contra a injustiça social, a segregação, a discriminação, a falta de moradia ou de sistema de saúde; ou ainda contra todo um regime, como a escravidão e o domínio colonial, contra o *apartheid* e os regimes autoritários, contra o fascismo, o capitalismo, a corrupção de Estado, as políticas neoliberais de austeridade etc.

Ou, como diz Antonio Negri na apresentação da mesma exposição: "o levante é um *sopro* de um corpo que não aceita mais sofrer" (p. 43). E conclui:

o levante dispara a necessidade de sobrevivência, a resistência ética e a indignação política contra o poder; abre processos subjetivos que produzem gestos intensos de ruptura; [...] semeia desejos indestrutíveis de liberação (p. 44).

Por isso, o léxico político, afetivo e simbólico da rebelião, da insurgência, do levante, rarissimamente esteve associado às forças políticas conservadoras, a favor da ordem, da tradi-

---

não, bocas que exclamam; 3) Palavras: a voz, na forma de gritos, palavras de ordem, cartazes, textos nos muros; 4) Conflitos: embates diretos, batalhas, greves, barricadas; 5) Desejos: latentes em cada levante que, por mais desesperado que seja, carrega em si a esperança de um novo começo.

Cartaz da exposição *Levantes*, com curadoria de Didi-Huberman, no Jeu de Paume, Paris, 2016

ção, da família, de Deus e da propriedade. Como provocou Olavo de Carvalho, a direita precisa aprender a insurgir-se:

> Me diga o seguinte: quantos grêmios de faculdade vocês tomaram? Nenhum. Quantas redações de jornal vocês tomaram? Nenhuma. Quantos sindicatos vocês tomaram? Nenhum. Quantas igrejas de teologia de libertação vocês tomaram? Nenhuma. Em suma, vocês deixaram tudo nas mãos dos comunistas, e tudo está nas mãos deles. E eles fazem o que quiserem. Deu pra entender?[2]

Em geral, as tomadas de poder pelas forças reacionárias e fascistas ocorreram por movimentação de bastidores, con-

---

2. Postagem no TikTok que aparecia como primeira da lista (indicado na aba "Melhores") quando se buscava pelo nome de Olavo, poucos dias antes do 8 de janeiro. Reproduzida em "Como Olavo de Carvalho influenciou radicalização bolsonarista que levou ao 8 de janeiro". BBC *News Brasil*, 15 jan. 2023.

chavos e chantagens, tentativas de golpe e pela ação nas ruas de forças militares ou milicianas no combate aos revolucionários, antecipando-se às supostas ameaças comunistas – como foi o caso, por exemplo, não apenas do golpe de 1964 mas também do famoso Plano Cohen, que desempenhou um papel crucial nos eventos que levaram à ditadura do Estado Novo.[3]

Do massacre da classe trabalhadora em Paris, em 1848 e em 1871, até a derrubada de Allende, no Chile, em 1973, a ação militar repressiva tem sido a marca da manutenção da ordem e da derrubada de governos populares. Mussolini tornou-se o ditador fascista depois de eleito em 1922 e num autogolpe em 1925. Hitler fez algo similar a partir de 1934. Getúlio Vargas também deu um autogolpe em 1937. Todos se tornaram tiranos à medida que desmantelaram as estruturas democráticas de seus países e consolidaram o poder autoritário em suas mãos. Quase todos contavam com milícias para assumir o poder e intimidar a população: como os *Camicie Nere* fascistas; a *Sturmabteilung* (SA) e as *Schutzstaffel* (SS) dos nazistas; e, aqui no Brasil, a Delegacia de Ordem Política e Social (DOPS), a terrível polícia política do Estado Novo comandada por Filinto Müller.

Massas de civis direitistas nas ruas, instadas a derrubar governos, como revolução popular espontânea, sempre foram inusuais. A Intentona Integralista de 1938, por exemplo,

---

[3]. O Plano Cohen era, supostamente, um plano judaico-comunista para a tomada do poder no Brasil e que produziu grande impacto e um clima de medo que favoreceu o golpe de Getúlio em 1937. Depois de instalado o Estado Novo, acabou se revelando que a autoria do Plano Cohen era do serviço de inteligência do próprio governo, em especial do então capitão integralista Olympio Mourão Filho, adaptando um documento igualmente falso que descrevia uma suposta conspiração comunista na Hungria. Quase 30 anos depois, Mourão Filho, agora General, lideraria a movimentação militar no golpe de 1964, novamente para se antecipar a uma suposta "ameaça comunista". Sobre o Plano, ver, entre outros, Rodrigo Motta. "O mito da conspiração judaico-comunista." *Revista de História* da FFLCH-USP, n. 138 (jun. 1998), pp. 93–105.

não foi uma ação civil de massa, mas um ataque de poucos membros da Ação Integralista Brasileira (AIB) ao Palácio da Guanabara. Após o fracasso do golpe, a reação do governo Vargas foi rápida e severa: líderes presos e o movimento fascista brasileiro efetivamente desmantelado.[4] A liderança era dos milicianos do grupo "Leão de Outubro", ligado à AIB.

Em 1964, a Marcha com Deus pela Família mobilizou grandes contingentes de conservadores, reacionários e fascistas pelas ruas brasileiras, desempenhando um relevante papel simbólico e midiático na época. No entanto, a efetiva ação que desencadeou o golpe e a subsequente instauração de um regime ditatorial no país foi conduzida primordialmente por militares e certos setores do Parlamento. Não houve um envolvimento direto e decisivo de ativistas ou grupos paramilitares civis de direita na tomada de poder, que instaurou 21 anos de ditadura.

Na transição do Regime Militar para a Nova República, surge um paradoxo que volta a embaralhar os termos em disputa: como os derrotados podem ter saído vitoriosos? Olavo de Carvalho e alguns generais, como José Fábrega e Sérgio Avellar Coutinho, vinham estudando desde o final dos anos 1980 o fato de a esquerda, mesmo derrotada militarmente pela ditadura, ter saído vitoriosa do ponto de vista político, moral e simbólico.[5] Olavo e Avellar percebiam uma mudança na estratégia do campo progressista, transitando da "guerra

---

4. Liszt Vieira, "Intentona integralista e vandalismo bolsonarista". *A terra é redonda*, 17 jan. 2023; e Antonio Lavareda, "Leniência militar em 8 de janeiro lembra levante integralista de 1938". *Folha de S.Paulo*, 28 jan. 2023. Ambos compararam a Intentona Integralista de 1938 com os ataques de 2023, mas devemos ressalvar a natureza diferente do levante.

5. Ver Olavo de Carvalho, *A nova era e a revolução cultural*, de 1994 (com reedição ampliada em 2014); e Sérgio Avellar Coutinho, *A revolução gramscista no Brasil*, de 2002. Avellar também contribuiu com o *Orvil* (livro, ao contrário), resposta dos militares ao livro *Brasil: Nunca mais*, publicado em 1985 e patrocinado pela CNBB (com prefácio de Dom Paulo Arns), que apresentava em detalhes os métodos de tortura e desaparecimento do regime militar e a primeira lista de vítimas da ditadura. *Orvil* foi redigido como contra-narrativa por uma comissão militar que pretendeu sistematizar a "história das tentativas

de movimento" (luta armada) para a "guerra de posição", que consistia na construção da liderança não pela força das armas, mas por meio do progressivo controle dos aparelhos de reprodução cultural e ideológica da sociedade. Segundo eles, a esquerda estaria se "infiltrando" em setores estratégicos – nas escolas e universidades, nas artes e na cultura em geral, na comunicação e imprensa (ao menos no chão de fábrica do jornalismo, além de alguns articulistas), nas causas ambientais e das minorias (com o crescimento de ONGs e nova legislação) e mesmo na religião, com a Teologia da Libertação. A capacidade de fomentar ideias e novos consensos, produzindo força política, resultou na criação do maior e mais organizado partido de massas, o PT, e em vários movimentos sociais, artísticos e "intelectuais orgânicos" a ele associados.

Para Olavo e Avellar, estaríamos às portas de uma nova tentativa de tomada comunista (ou social-democrata?) do poder, diferente de todas as outras. Desta vez, lenta, gradual e segura, influenciada pela estratégia gramsciana de "construção da hegemonia", com a conquista de "corações e mentes", antes de um processo revolucionário insurrecional.[6] Mesmo que Antonio Gramsci tenha sido lido em círculos intelectuais e políticos restritos no Brasil, Olavo considerava que suas ideias se propagaram imperceptivelmente e formavam um "novo senso comum", "até as pessoas se tornarem socialistas sem o saber" (2014: 222). Essa disseminação estaria apoiada por outros intelectuais e lideranças com perspectivas similares à revolução cultural, como Paulo Freire (o "Gramsci brasileiro", segundo a direita) ou Dom Paulo Evaristo Arns

---

comunistas de tomada do poder no Brasil" (tendo sido publicado apenas em 2007, mas circulado informalmente desde os anos 1990), relatando três tentativas de implantar o comunismo e uma quarta em gestação, esta de inspiração gramsciana.

6. Segundo Olavo, "Gramsci transformou a estratégia comunista, de um grosso amálgama de retórica e força bruta, numa delicada orquestração de influências sutis" (op. cit., p. 56).

(que afrontou a ditadura diversas vezes), além de artistas como Chico Buarque.

Olavo e Avellar estavam convencidos de que havia uma ação organizada e deliberada da esquerda em torno do gramscismo (ou marxismo cultural), e acreditavam num grau tal de centralismo e orquestração que sua hipótese tornava-se uma teoria da conspiração. Mesmo assim, e resumindo de forma preconceituosa e tosca as ideias de Gramsci, os dois tiveram faro político e perceberam um movimento real na sociedade brasileira. A materialidade do avanço progressista se comprovaria com seis eleições presidenciais sucessivas. Na narrativa da direita, foram 22 anos de presidências de esquerda (mesmo que liberais na economia), com um professor marxista da USP, um líder sindical metalúrgico e uma ex-guerrilheira. Ou seja, mais tempo que os 21 anos da ditadura. A nova direita reacionária precisaria dar um basta a esse longo ciclo de hegemonia política e cultural progressista e liberal (suposta fase da implantação do comunismo no Brasil, na vertente conspiratória inspirada pela Guerra Fria).

A orientação dada por Olavo no livro reeditado, revisto e ampliado em 2014, era para a direita se preparar para realizar ascensão similar, mas às avessas, e promover uma revolução cultural a partir de seus valores. Apesar de chamar Gramsci de "profeta da imbecilidade" (p. 67), Olavo dá a entender que as forças reacionárias precisam entrar para valer na guerra por hegemonia e tomar a direção dos aparelhos culturais. Em entrevista publicada na nova edição de 2014, Olavo considera que aquele era o momento propício para a irresistível ascensão de uma nova direita (pós-junho de 2013), diante de um PT enfraquecido pelas denúncias de corrupção, em decomposição intelectual e cuja cultura política rebaixara-se a "gayzismo, feminismo, racialismo, ideologia de gênero" (p. 229) até a "liberação das drogas e da pedofilia" (p. 234). A degeneração política e moral escancarada da esquerda era a melhor oportunidade para o contra-ataque conservador. As etapas seriam: construir um diagnóstico (já feito por ele), arrecadar dinheiro, formar uma militância e "penetrar na sociedade". Além disso, indicava que o caminho mais rápido seria construir base social por meio de igrejas e transformar campanhas morais, como a criminalização do aborto, em força política eficaz. Olavo previa vinte anos para tomarem o poder (p. 239), mas chegaram lá em quatro.

Esse jogo de espelhos e o interesse de intelectuais de direita por Gramsci não ocorre apenas no Brasil, é internacional. Uma parcela da nova direita francesa, por exemplo, formou grupos de leitura de Gramsci e se aglutinou ao redor da mais jovem Le Pen, Marion Maréchal. Mark Lilla, em artigo de 2019, apontava para essa mobilização da direita para ler Gramsci e utilizá-lo às avessas, descartando o marxismo e a revolução comunista (ou seja, a finalidade) e recorrendo às ideias do filósofo italiano apenas como tática e método para construção de hegemonia.[7]

Se o tempo histórico brasileiro seguiu acelerado, a estratégia olavista do "gramscismo de direita", sem freios e sem ética, prosperou enormemente como disputa de hegemonia por meio de pânico moral, fundamentalismo religioso e discursos de ódio. Assim, logo transitou para a polarização e a radicalização, em vez da produção de consensos: basta ver a guerra aberta contra universidades, professores, estudantes, artistas, jornalistas, religiosos de esquerda, minorias etc. Na impossibilidade de conquistar os aparelhos culturais para além das igrejas ou escolas militares, a direita radical criou circuitos paralelos de comunicação e (des)informação, fermentando grupos vociferantes, conspiracionistas e delirantes. Em pouco tempo, diante do impasse que produziram, transitaram da guerra cultural e de posição para uma inusitada tentativa insurrecional, no 8 de janeiro, movimento que seria ousado, mas fatal.

---

[7]. "Dois caminhos para a direita francesa: Marion Maréchal e a vanguarda do conservadorismo europeu." Revista *Piauí*, fev. 2019.

Citado 22 vezes no relatório da cpmi do 8 de janeiro como um dos inspiradores dos ataques, o guru dos extremistas não viveu para presenciar a intentona em Brasília. Morreu de Covid-19 em janeiro de 2022,[8] vociferando contra as vacinas ("elas matam ou endoidam") e dizendo que o vírus era "mocoronga" e "não passa de historinha de terror para acovardar a população e fazê-la aceitar a escravidão [chinesa, comunista?] como um presente de Papai Noel".[9]

---

[8]. "Olavo morreu de Covid, diz filha do guru do bolsonarismo." *Folha de S.Paulo*, 25 jan. 2022.
[9]. "Olavo de Carvalho: Internautas relembram declarações negacionistas do escritor sobre Covid-19." *Uol*, 25 jan. 2022.

Não vai ter golpe
Sequestrando táticas e repertório da esquerda

Olavo de Carvalho (ou o *olavismo*, como seita) formou discípulos que iriam colocar em prática o sequestro e a apropriação de teorias e táticas políticas da esquerda. Mas, como qualquer texto diante do espelho, o livro pode ser o mesmo, mas a leitura é invertida, como no *Orvil*. Para além de Gramsci, veremos como as práticas de agitação, propaganda, mobilização e luta da esquerda foram sendo hackeadas pela direita radical e progressivamente transformadas por seus métodos e objetivos, até retornarmos ao 8 de janeiro.

A *hashtag NãoVaiTerGolpe* despontou nas redes e nas manifestações de rua a partir de 2015 no contexto da crescente polarização política com o processo de *impeachment* da então presidente Dilma Rousseff. A expressão remete historicamente à tentativa de derrubar João Goulart em 1961 com um golpe parlamentar e depois com sua consumação na forma de golpe militar, em 1964. Por isso, um processo de *impeachment* conduzido sem base jurídica sólida, deixando transparecer motivações políticas e econômicas de vários dos agentes envolvidos, poderia ser chamado de "golpe".

O instrumento do afastamento da presidente foi usado como um mecanismo para efetuar uma mudança de poder não legítima e finalmente encerrar, não pelas urnas mas por uma manobra parlamentar, os 16 anos de mandatos presidenciais do PT em eleições legítimas. As alegações de manobras fiscais (as chamadas "pedaladas fiscais"), práticas similares de presidentes anteriores, não justificavam o *impeachment*, tanto é que Dilma acabou absolvida em agosto de 2023.[1]

A direita e os defensores do *impeachment* ironizavam a expressão #*NãoVaiTerGolpe* e a usavam de forma sarcástica. Na visão deles, não foi mesmo um "golpe", mas um processo constitucional com amplo apoio popular e embasamento legal. O sequestro da palavra de ordem da esquerda é o mote para o filme *Não vai ter golpe* (2019), realizado pelo Movimento Brasil Livre (MBL), um dos protagonistas na movimentação social pelo *impeachment*. O filme pretende ser "a versão da direita" e confrontar outro documentário, também de 2019, que teve enorme repercussão internacional: *Democracia em vertigem*, com direção de Petra Costa (lançado pela Netflix).

O cartaz do filme é provocativo, maniqueísta e divide Brasília, a partir do eixo simétrico das duas torres do Congresso, entre o mal (em vermelho à esquerda) e o bem (em verde à direita). O embate principal ocorre entre Dilma, com clara expressão facial de vilã, e o jovem herói oriental, com olhar fixo no horizonte (da história?), o deputado Kim Kataguiri, figura principal do MBL. Compõem ainda o "lado do bem" o jovem negro Fernando Holiday, também do MBL, e a advogada Janaína Paschoal, coautora do pedido de *impeachment* que ganhou visibilidade com seus discursos transtornados, prometendo "matar a jararaca" (em referência a Lula – vilão do lado vermelho).

O filme constrói seu argumento por meio da história de jovens idealistas,

estudantes, artistas e empresários falidos e que, de um escritório capenga no centro de São Paulo, foram capazes de iniciar uma *verdadeira revolução* política no Brasil.[2]

---

1. "Após TRF-1 arquivar ação contra Dilma por *pedaladas fiscais*, PT e líderes do governo buscam *reparação*." *G1*, 28 ago. 23.
2. Segundo a sinopse oficial.

Cartaz do filme do MBL, lançado em 2019

O visual grunge, meio desarrumado, dá aos jovens o ar de uma banda de rock *underground*, pronta a entrar em cena. Vamos percebendo logo que não são exatamente meninos de esquerda, mas anarcocapitalistas ultraliberais. Contudo, agem claramente inspirados em rebeldes do campo progressista.

Além de capturar uma visualidade alternativa e um ar de revolta antissistema, eles adotam diversas táticas de esquerda, aliás como já "ensinara" Hitler em sua obra clássica. Criam uma *Mídia Ninja* de direita, baseada sobretudo em *trollagem*, memes e lacração; vão às ruas com bandeiras e cartazes e sobem em caminhão de som; organizam em 2015 uma longa marcha de São Paulo para Brasília, imitando as marchas do MST ou da luta dos negros pelos direitos civis nos EUA, tomando sol e chuva, em demonstração de resistência; acampam no gramado do Congresso, copiando os acampamentos indígenas e de movimentos populares em Brasília; entram triunfalmente no Congresso para entregar o seu pedido de *impeachment*, como uma lei de iniciativa popular, como a esquerda já fez dezenas de vezes com milhões de assinaturas.

Tal jogo de imitações e espelhamentos tem um ar de farsa, de cópia descarada, feita por uma trupe mambembe, sem multidões, sem base popular. Mas o efeito que pretendem é também esse: de se apresentar como uma vanguarda jovem (ou jovem guarda da nova direita radical), capaz de fazer diferença para mudar o curso da história e produzir muito material editado e midiático para as redes sociais. É uma ação cívica, imaginativa, ousada, que se distingue também da extrema-direita sombria e militarista, saudosa dos porões da ditadura.

O sequestro das práticas da esquerda é exemplar no MBL, a começar pelo nome, que vocalmente é muito similar ao do movimento jovem que liderou os protestos de 2013, o MPL, Movimento do Passe Livre – além do adjetivo "livre". Os rapazes do MBL encerram o filme saindo do escritório mambembe no centro da cidade, fecham a porta e vão andando na calçada, com calças largas e camisa xadrez de flanela, dando as costas para o público, como jovens comuns, que cumpriram, ao fim da "jornada do herói", a missão de toda a juventude: mudar o mundo.

A prática dos acampamentos, largamente associada às lutas de sem-terra, sem-teto, indígenas e mais recentemente aos *occupies* que emergiram depois da crise internacional de 2008, seguiu sendo hackeada pela direita insurgente. Antes de dezenas deles serem montados defronte aos quartéis em novembro de 2022 clamando por intervenção militar, lembremos também do audacioso acampamento dos "300 do Brasil" entre maio e junho de 2020, em Brasília, em que o sequestro de táticas da esquerda começou a tomar feições neofascistas e messiânicas.

O movimento era liderado por Sara Geromini, conhecida como Sara Winter, uma ex-integrante do grupo "Femen", que se tornou ativista de extrema-direita, armamentista e apoiadora ferrenha do presidente Jair Bolsonaro. Após ser demitida do cargo de assessora da ministra Damares Alves devido a desentendimentos com a Deputada Carla Zambelli, Sara voltou ao ativismo, mobilizando nas redes "patriotas" interessados em formar um grupo civil combatente, denominado "300 do Brasil".

O nome faz alusão ao filme *300* (lançado em 2006 com segundo episódio em 2014), baseado na história dos "300 de Esparta", guerreiros liderados por Leônidas e que, segundo a tradição, enfrentaram na Batalha das Termópilas um exército persa muito superior em número. Os espartanos enfrentaram as forças de Xerxes I em um estreito passo montanhoso e, apesar de serem finalmente derrotados, seu sacrifício permitiu ganhar tempo crucial para que as cidades-estado gregas se reorganizassem, fortalecendo a resistência subsequente contra os invasores persas. O filme norte-americano foi sucesso de bilheteria no Brasil, tornou-se uma referência mundial para movimentos da extrema-direita e foi criticado por sua estética fascista.

Os soldados espartanos são musculosos, hiper masculinizados, fortes e apresentados como bons e honrados. Enquanto isso, Xerxes é afeminado e andrógino e seus soldados são mostrados como ferozes invasores. Na Alemanha, chegou a ser comparado aos filmes da diretora nazista Leni Riefenstahl.[3]

Nas redes bolsonaristas, memes e vídeos apresentavam Alexandre de Moraes como Xerxes (interpretado, aliás, por Rodrigo Santoro), representado como um vilão careca.

No seu Instagram, o grupo também informava utilizar a referência bíblica dos "300 de Gideão",[4] um grupo seleto de guerreiros no *Antigo Testamento* (Juízes, 6–8), escolhidos por Deus para libertar os israelitas da opressão dos midianitas. Sob a liderança de Gideão e instruções divinas, o pequeno contingente empregou táticas de surpresa e confusão, incluindo tochas, gritos e trombetas, fazendo os midianitas

---

3. Andrea Dip e Niklas Franzen, "Os *300 do Brasil* copiam o neofascismo europeu". *Agência Pública*, 31 maio 2020.
4. Fausto Macedo, "Grupo bolsonarista *300 do Brasil*, que entrou na mira da PF, foi comparado a *milícia armada* pelo Ministério Público do DF". *Estadão*, 16 jun. 2020.

Sara Winter e os "300 do Brasil" protestam em frente ao STF com tochas e máscaras, relembrando os "300 de Gideão"

assustados se voltarem uns contra os outros, resultando em uma vitória impressionante contra um exército muito maior. A história ilustraria o poder de Deus no uso de astúcia e meios improváveis para alcançar seus propósitos.

Ironicamente, a liderança dos "300" por aqui coube a uma mulher, ex-prostituta e ex-ativista feminista, e não a generais míticos como Leônidas ou Gideão. Sara Winter, nas suas andanças pelo Leste Europeu, esteve entre 2014 e 2015 na Ucrânia e, por isso, também dizia inspirar-se no Batalhão Azov, uma organização neonazista vinculada ao governo ucraniano. Ela propôs "ucranizar" o Brasil, fazendo referência a um potencial cenário de guerra civil semelhante ao ocorrido na Ucrânia a partir de 2014. Orientada pelo jornalista e extremista Oswaldo Eustáquio (condenado no inquérito do STF e atualmente foragido no Paraguai), Sara estabeleceu como critérios para os integrantes do movimento: a disposição para "dar a vida pela nação" e, tão importante

Frame de vídeo da "simulação de bombardeio" com fogos de artifício direcionados ao STF em junho de 2020, promovido pelos "300 do Brasil"

quanto, acompanhar os cursos online ministrados por Olavo de Carvalho.[5]

Em retribuição, ele afirmou que

Sara Winter sozinha entende mais de guerra política e ideológica do que todos os ministros, deputados, senadores, juristas, generais e todos os serviços de inteligência brasileira juntos.

Ao que ela orgulhosamente completa:

eu sou a única pessoa possivelmente em todas as Américas que entende de militância política e não é de esquerda. No Brasil tenho certeza que sou a única.[6]

O acampamento dos "300 do Brasil" na Esplanada dos Ministérios, ao lado do Ministério da Justiça, contava com membros armados e uniformizados como um batalhão paramilitar supostamente preparado para a guerra. O contexto

---

5. Renato Alves, "As muitas vidas de Sara Winter, a extremista de ideias zigodátilas". Revista *Piauí*, ago. 2020.
6. Em depoimento à série *Extremistas.br* (quinto episódio), dirigida por Caio Cavechini para a Globoplay, 2023.

era ambíguo, pois Bolsonaro estava no governo e era idolatrado pelos acampados. O Congresso, mesmo criticado, já tinha iniciado o acordo com Bolsonaro, o que iria resultar na eleição de Arthur Lira logo a seguir. O alvo era sobretudo o STF (o "supremo alvo"). Segundo Sara, foi o General Heleno quem instruiu o grupo a atacar o Supremo, pois "o presidente não podia ser o protagonista para não sofrer represálias".[7]

Em vídeo, a iniciativa era apresentada como "o maior acampamento contra a corrupção e a esquerda do mundo".[8] O grupo também assistia a vídeos de Olavo de Carvalho e alguns se deslocavam ao Palácio da Alvorada para tentar encontrar o presidente – afinal, tratava-se de um inusitado protesto a favor do governo. Segundo Renato Alves, Sara Winter também tinha uma rotina particular, aparecendo apenas à tarde e cobrando por suas palestras, parcerias comerciais e promoção de marcas em troca de serviços gratuitos, como tatuagens e atendimentos em salões de beleza.[9]

Durante o acampamento, houve uma série de atos e manifestações, postagens agressivas e ameaças contra os ministros do Supremo, além de uma performance que envolveu fogos de artifício direcionados ao STF, simulando um possível bombardeio. A inspiração novamente veio da batalha dos "300 de Gideão" contra os midianitas que, sob orientação divina, armados com trombetas, jarros e tochas, posicionaram-se à noite ao redor do acampamento inimigo. Ao sinal de Gideão, simultaneamente quebraram os jarros, revelando as tochas acesas, tocaram as trombetas e gritaram palavras de guerra. A súbita irrupção de luz e som lançou o acampamento do exército inimigo ao caos, fazendo-os lutar uns contra os outros em confusão, levando os israelitas à vitória.

---

7. "Sara Winter um arquivo vivo: a ativista revela que partiu do Planalto a orientação de atacar o STF. Parlamentares bolsonaristas também ajudavam no rumo do discurso dos extremistas." Revista *IstoÉ*, 19 nov. 2021.
8. Artigo citado da *Agência Pública*.
9. Artigo citado na Revista *Piauí*.

Logo após a pirotecnia ameaçadora, a pedido do governo do Distrito Federal, o acampamento foi desmontado por forças de segurança e alguns de seus membros, como Sara Winter, foram presos pela Polícia Federal. O STF autorizou a abertura de inquérito para investigar o acampamento e seus financiadores, a partir de denúncia do Ministério Público que caracterizou o grupo como uma "milícia".

O acampamento dos "300" é um marco na capacidade de organização e mobilização combatente do bolsonarismo. Como ativismo de extrema-direita, deu um passo além do MBL. Superou os meninos ultraliberais e marqueteiros paulistanos para se tornar um grupo radical armado (e eventualmente paramilitar), preparado para ações mais veementes – naquele momento mais teatralizadas do que de fato executadas.

Foi uma síntese do ecletismo bolsonarista encontrando uma forma própria de organização beligerante. Nele se veem misturadas táticas sequestradas da esquerda (incluindo agitação e propaganda), a subordinação ao comando do governo Bolsonaro (para atacar o STF), uso intensivo e agressivo das redes sociais, técnicas de convocação e treinamento, militarização civil e armamentismo, táticas de financiamento aberto (e oculto), aulas online do guru Olavo de Carvalho, uso de narrativas e simbolismos do *Antigo Testamento* e do cinema comercial norte-americano, tudo isso somado a uma performance catártica final no espetáculo de fogos de artifício apontados para o Supremo – que deu fim ao acampamento, ao grupo e levou lideranças à prisão. Sara, depois de liberada com tornozeleira eletrônica, tornou-se mãe e foi morar no México, sem participar da campanha eleitoral de 2022.

Ataque ao Capitólio
O roteiro importado (e superado)

Salvo engano, data de apenas dois anos a primeira ação direta de multidões direitistas insurgentes no ataque e tomada de um dos principais símbolos de poder do Ocidente: a invasão do Capitólio, nos EUA, em 6 de janeiro de 2021. Não foi uma ação revolucionária propriamente dita, mas uma "insurreição"[1] da massa de partidários do presidente Donald Trump, que invadiu o edifício do Congresso num esforço para impedir a certificação dos resultados da eleição presidencial de 2020, vencida por Joe Biden, mas fraudada segundo os manifestantes. Foi uma tentativa de interromper o processo constitucional e democrático de transição de poder, mas, além disso, foi um jorro de ressentimento e ódio de uma parcela dos estadunidenses contra o sistema, que consideram corrompido e dominado por interesses que os prejudicam. Os invasores usaram força e violência e procuraram intimidar e coagir os funcionários do governo para alterar o resultado da eleição. Saldo: 5 mortos, 140 policiais feridos, 700 condenados por invasão, agressão e conspiração; saques e danos materiais ao Capitólio e às suas obras de arte; e investigações ainda em curso sobre os financiadores, instigadores e mentores do ataque.

---

1. O termo insurreição é recorrente em diversos artigos acadêmicos sobre o ataque de 2021 ao Capitólio.

QAnon Xamã, figura-ícone dos invasores do Capitólio, em 2021

Aquela insurreição também mantém raízes messiânicas e salvacionistas, como os ataques em Brasília.[2] Para os cristãos apoiadores de Trump, sua ascensão ao poder foi profetizada e a vitória de 2016 foi considerada "milagrosa". "Profetas" novamente previram a reeleição do "escolhido" em 2020, que não ocorreu. Evangélicos, em especial pentecostais e neopentecostais, foram incentivados por seus líderes religiosos a corrigir a fraude, cumprindo o plano divino. Isso levou a uma combinação de ativismo político e fervor religioso. No ataque, preces e orações eram ouvidas; a mistura de símbolos patrióticos com imagens cristãs eram visíveis (como cartazes com *Jesus saves* e uma enorme cruz de madeira). O ataque foi considerado uma "batalha espiritual" contra forças do mal, e a tomada do Capitólio, uma "cruzada". As crenças religiosas e os temas apocalípticos se entrelaçavam com teorias da conspiração, como na figura do QAnon.

---

2. Diversos artigos acadêmicos analisam o ataque ao Capitólio mencionando a participação da direita cristã salvacionista. Seguimos o argumento de Matthew Rowley. "Prophetic Populism and the Violent Rejection of Joe Bi-

Cópia brasileira do QAnon Xamã, no 7 de setembro de 2021

Entre os personagens mais curiosos no ataque estava o QAnon Xamã,[3] sem camisa, tatuado, usando capacete com chifres de touro e recoberto por pele de urso, com pintura facial em vermelho, branco e azul, carregando um megafone e uma lança de quase dois metros de comprimento com uma bandeira norte-americana. Ele urrava, performava ao lado de outros extremistas empunhando a bandeira sulista dos Confederados da Guerra de Secessão (o lado perdedor, favorável à continuidade da escravidão). Uma "performance animalesca transgressora", pela qual o "criatural sinaliza uma crise na

---

den's Election: Mapping the Theology of the Capitol Insurrection." *International Journal of Religion* 2(2), p. 145–64. 2021.
3. Segundo a Wikipedia, Jake Angeli, o "Xamã QAnon" ou "Lobo de Yellowstone", é dublador, teórico da conspiração norte-americano e ativista de extrema-direita, trumpista, para quem os políticos democratas são pedófilos adoradores de Satanás.

ordem social" (Foster 2020: 49). A performance gutural do guerreiro de si mesmo, cercado por apoiadores, manifesta caricaturalmente nosso retorno ao "estado de natureza" (Nunes 2022: 68), anterior ao pacto social, como homens-lobo, em estado regressivo de "hordas primevas" lideradas por machos-alfa na luta de todos contra todos, segundo Freud e Hobbes em textos clássicos.[4]

No 7 de setembro de 2021, desfilava na manifestação bolsonarista um brasileiro com indumentária similar, em clara referência ao estadunidense, mas usando elementos em verde e amarelo, em conexão com o que ocorreria fora e importando teorias da conspiração, estéticas e ideias de insurgência. Foram inúmeras as manifestações e claros os indícios de que o Brasil viveria um 6 de janeiro semelhante ao norte-americano no caso de derrota da direita – como em nosso 8 de janeiro. Mas ultrapassamos o Capitólio: foram invadidas, depredadas e ocupadas as sedes dos Três Poderes da República, em feito histórico sem precedentes. Diferentemente do "roteiro original" importado, aqui é preciso não esquecer o "dedo dos militares", como alertou Piero Leirner.[5] Até certo ponto, os "manés" foram também marionetes nas mãos de alas radicalizadas do exército que estimularam sua revolta nas ruas.[6]

Nas Jornadas de Junho de 2013, manifestantes subiram ao teto do Congresso, ao lado das cúpulas, entraram no espelho d'água do Itamaraty, mas nada além, não entraram nas sedes dos Poderes nem cumpriram o "assalto final", o *script* de dois séculos de insurgência antissistêmica. Não avançaram (talvez por ser a presidente Dilma do PT) e justamente as forças do

---

4. Cf. Miguel Lago em colunas na Revista *Piauí* sobre o "pré-hobbesianismo bolsonarista" e o retorno ao estado de natureza.
5. "*Comparar ataques em Brasília a Capitólio oculta dedo de militares*, diz antropólogo." *Folha de S.Paulo*, 14 jan. 2023.
6. Diante do silêncio de Bolsonaro após a derrota, o General Braga Netto falou aos acampados em Brasília que algo estava por vir: *Vocês não percam a fé, tá bom? É só o que eu posso falar para vocês agora*. "Braga Netto assume lugar de Bolsonaro no cercadinho e fala com apoiadores." *Uol*, 18 nov. 2022.

campo majoritário da esquerda, no poder havia uma década, souberam contrarrestar, cooptar ou reprimir a ascensão da juventude radicalizada. Essa hesitação do campo progressista, sinal de seus limites, impasses e rachas, deu espaço para o crescimento da direita rebelde que, ela sim, chegaria ao ato final de audácia em janeiro de 2023, cumprindo o programa de profanação do sistema que a esquerda descartou.

Ou seja, há influxos externos e internos em curso, aprendizados de junho de 2013 e do Capitólio de 2021. E as movimentações da direita radical já vinham de antes. O planejamento do golpe, ou autogolpe, já estava em andamento desde 2018. Foram quatro anos de ataques sistemáticos às instituições para desestabilizar a democracia e criar um clima de paranoia, revolta e insurgência de massas. Governo e parcela significativa dos militares, incluindo generais, autorizavam e insuflavam as ações de rua no 7 de setembro e, depois, na escalada em 2022 que levou ao 8 de janeiro.

Com a derrota de Bolsonaro, seu silenciamento e depois fuga (ou recuo estratégico) para os EUA, coube às parcelas decepcionadas com o resultado escalar nas ações de insubordinação: produzir caos nas rodovias, com centenas de interrupções pelo país; acampar diante de quartéis lançando "SOS às Forças Armadas"; incendiar ônibus e carros e atentar contra a sede da Polícia Federal (12 dez. 2022); planejar explosão no aeroporto de Brasília em plena noite de Natal; e, enfim, tomar os palácios no 8 de janeiro. O objetivo das ações era a "perturbação da ordem": o caos instalado pelo somatório dessas ações exigiria a ação militar direta, com a decretação de estado de sítio e/ou operação militar de Garantia da Lei e da Ordem (GLO). Com os militares então nas ruas, o passo seguinte seria a tão demandada "intervenção".[7]

[7]. A estratégia já tinha sido traçada pelo guru Olavo de Carvalho, em vídeo divulgado no TikTok e depois repassado nas redes bolsonaristas: "Eu acho uma intervenção militar extremamente difícil, a não ser depois de um processo de tomada do poder pelo próprio povo. Se você tiver um movimento de desobediência civil generalizada... pessoal cercar o palácio, não deixar

Piero Leirner, no livro *O Brasil no espectro de uma guerra híbrida*, explica que a associação ou indistinção entre "os meios militares e não militares", e sua particular combinação entre "política, ideologia e operações bélicas", vêm sendo estudadas há décadas pelas Forças Armadas brasileiras, influenciadas pelo debate estrangeiro (em especial francês) de "guerra insurrecional" (Leirner 2020: 190). Os militares fomentariam subversão, guerra psicológica e insurgência no combate, sobretudo, a "inimigos internos". Mais que isso: releem a guerra revolucionária a partir de conceitos e doutrinas de guerra híbrida, em especial desde a Minustah brasileira no Haiti, cujo princípio elementar é a ação indireta por meio de manobras que produzam respostas involuntárias do inimigo de modo a determinar uma "guerra de posições". No Haiti, nossos generais voltaram ao porão e aprenderam a gerir ou induzir operações de pacificação, insurgências ou contrainsurgências em populações civis (Arantes 2014). Operações de manipulação da percepção com "ataques informacionais em pinça", com movimentos contraditórios ou em duas direções, em tese produzem a adesão de colunas do inimigo a uma delas — que sem ele saber estão controladas pelo atacante (Leirner 2020). Por isso, as inversões de papel e jogos de espelho aqui tratados são tão centrais nessa guerra.

Não é objetivo deste texto discutir o passo a passo das tentativas de golpe nos últimos meses de 2022, por quais motivos não deram certo, ou a causa das Forças Armadas recuarem ou fracassarem — há hipóteses diversas, entre elas a de que os EUA de Biden não apoiariam essa aventura golpista ameaçando retaliação imediata;[8] ou a de que os militares dei-

---

senador entrar, não deixar ministro entrar, não deixar juiz entrar... *se chegar neste ponto, as Forças Armadas entram*" (destaque nosso). Reproduzido em "Como Olavo de Carvalho influenciou radicalização bolsonarista que levou ao 8 de janeiro". BBC News Brasil, 15 jan. 2023.

8. Biden recusou o apelo golpista de Bolsonaro em junho de 2022 e foi um dos primeiros presidentes a cumprimentar Lula pela vitória nas urnas. Diversos recados chegaram aos militares brasileiros. Ver, por exemplo, a matéria

Manifestantes na cúpula do Senado pedindo intervenção militar

xaram o grupo radicalizado se expor para novamente se apresentarem como moderados e defensores das instituições.[9] O agora conhecido Coronel Lawand, supervisor do Programa Estratégico Astros, do Escritório de Projetos do Exército, em comunicação com Mauro Cid, o ajudante de ordens de Bolsonaro, reclama que o alto comando não estava fazendo nada para "salvar o país", agora entregue "aos bandidos", e conclui: "então ferrou, vai ter que ser pelo povo mesmo".[10] Convo-

---

"EUA fizeram campanha para defender Brasil de possível golpe de Bolsonaro" na *Folha de S.Paulo*, 22 jun. 2022.
9. Inúmeros artigos, reportagens e depoimentos foram divulgados, tanto na CPI Distrital de Brasília quanto na CPMI do Congresso, caracterizando ação e inação de diversos agentes que colaboraram para o evento de 8 de janeiro, inclusive evidenciando a participação militar no processo, da concepção à ação. Disponível no site do Senado Federal. Consulta em 7 nov. 2023.
10. Mensagens reproduzidas em diversos canais. "Veja as diferenças entre o que o coronel Lawand falou em troca de mensagens e o que declarou à CPI." *G1*, 27 jun. 2023.

cado pela CPMI dos Atos Golpistas, Lawand declarou que não estava instigando a insurgência civil.

Se os militares não saíram às ruas para consumar o golpe, também não se opuseram e mesmo estimularam, segundo depoimentos à CPI dos Atos Antidemocráticos na Câmara Distrital de Brasília, os civis a acamparem, se organizarem e atuarem na invasão dos palácios. Há suspeitas e evidências de atuação ativa de parcela do alto comando e de infiltração de militares, como os "boinas pretos" ou "*kids* pretos" — apelido das forças especiais do Exército, "altamente treinadas, entre outras técnicas, em ações de sabotagem e incentivo à insurgência popular, as chamadas *operações de guerra irregular*".[11]

Os setores de inteligência sabiam que durante semanas preparou-se uma ação com o risco de tomada dos palácios, ainda em dezembro de 2022, na posse ou logo após, como ocorreu. E não deram os alertas devidos ao novo governo, ainda despreparado para uma reação coordenada, o que permitiu ao comando militar, inclusive ao ministro da Defesa, sugerirem ao presidente Lula, no próprio dia 8 de janeiro, que decretasse a GLO, como pretendiam os golpistas. A opção foi outra: intervenção federal no governo do Distrito Federal sob comando do Ministério da Justiça, mantendo os militares na caserna.

---

11. Allan de Abreu, "Os *Kids* Pretos. O papel da elite de combate do Exército nas maquinações golpistas". Revista *Piauí*, 6 jun. 2023.

Uma imagem insuportável
Lula sobe a rampa

Desde a eleição, um dos temas mais especulados nas redes bolsonaristas foi se Lula subiria ou não a rampa. Bolsonaro já havia declarado que não passaria a faixa e saiu do país às vésperas da posse. Dias antes, General Heleno, um dos principais apoiadores de Bolsonaro e da tentativa de golpe, herdeiro da antiga "linha dura" da ditadura, perguntado se "bandido sobe a rampa", respondeu: "não!" e acelerou o carro. Na CPI dos Atos Antidemocráticos, ele declarou que não se referia a Lula em particular, mas a um bandido genérico. Mas dera o *dog whistle*.

No imaginário da ampla maioria dos eleitores de Bolsonaro, Lula "é ladrão" e só saiu da prisão por vias contestáveis do STF. Angaria o apoio da grande mídia (que "abandona" o lava-jatismo) e retoma os laços com as multidões (especialmente nordestinas). Dá a volta por cima, torna-se amplo favorito para derrotar o Messias e é, por isso tudo, uma encarnação do malandro, trapaceiro, cachaceiro etc. Lula teria feito pactos com organizações criminosas e ditadores comunistas, mas sobretudo com o Diabo. Por isso, foi demonizado pelo bolsonarismo como encarnação de satanás,[1] chamado de "9 dedos", desumanizado enfim.

---

1. "TSE multa Flávio Bolsonaro em R$ 5 mil por divulgar vídeo associando Lula a demônio." *CNN Brasil*, 9 maio 2023.

Em postagem de dezembro de 2022, repassada e armazenada no celular apreendido de Anderson Torres, então ministro da Justiça de Bolsonaro,[2] um meme especifica a rampa que Lula subirá: não é a do Planalto. No meme, sob fundo preto e o título gritante em vermelho *A rampa*, aparece enquadrada a figura de um cadafalso medieval, um palco (onde se sobe) para execução em praça pública. No imaginário bolsonarista e de seu ministro da Justiça, a Praça dos Três Poderes poderia ser transformada em praça de enforcamento sumário do presidente recém-eleito. Afinal, outra ironia, a foto da "rampa/cadafalso" indica que ela foi montada em dezembro de 2022, quando Bolsonaro ainda era presidente e Torres era seu ministro. A postagem completa a fala de Heleno, "bandido não sobe a rampa", mas sobe no cadafalso, pois "bandido bom é bandido morto". A mensagem do General encontra, assim, o dispositivo físico correspondente para a eliminação do inimigo. Na legenda-sentença, a acusação de corrupto, comunista e fraudador que merece ser executado: "os corruptos comunistas que fraudaram as eleições subirão nesta rampa em Brasília construída pelo povo brasileiro".[3]

O efeito da recusa do resultado das eleições é central. Tal nível de negação vinha sendo preparado havia anos, com ataques às urnas, ao STF e ao TSE — resultando na inelegibilidade de Bolsonaro por oito anos, em julgamento de 30 de junho de 2023. O eleitor bolsonarista fora treinado para negar a derrota: 90,1% deles consideram que houve fraude e Lula não ganhou a eleição.[4] É o mecanismo freudiano da "denegação", ou autodefesa do indivíduo que, mesmo ciente do

---

2. Findo o mandato de ministro, Torres tornou-se o Secretário de Segurança Pública do Distrito Federal. No 8 de janeiro estava providencialmente de férias em Orlando, ao lado de Bolsonaro. Foi preso pela polícia brasileira em 14 de janeiro por omissão intencional na condução da segurança pública, contribuindo para os ataques, e por envolvimento em tentativas frustradas de golpe de Estado.
3. Paulo Capelli, "Celular de Torres tem Lula enforcado, intervenção e acusação a Moraes". *Metrópoles*, 18 set. 2023.
4. Pesquisa AtlasIntel de 10 jan. 2023, p. 23.

Post repassado por Anderson Torres, então ministro da Justiça de Bolsonaro, encontrado em celular apreendido pela Polícia Federal

resultado, decide agir como se ele não tivesse ocorrido. Daí o caminho para a dissonância cognitiva que leva o bolsonarista a fechar-se no seu círculo de crenças e pseudoverdades para não ampliar o sofrimento na confrontação com a realidade.

Que ato de ruptura dessa denegação e dissonância devolveria o sujeito à realidade compartilhada? A transmissão televisiva da posse de Lula e, em especial, a subida da rampa, a consumação da posse, deveria ser barrada a qualquer custo. Alguma força deteria Lula: Bolsonaro, os militares, a mão de Deus e até extraterrestres. Chegaram a acreditar que Lula estava morto e fora substituído por um ator, que Alexandre de Moraes fora preso e que Heleno tinha virado presidente,

O presidente toma posse em Brasília, sobe a rampa do Planalto

entre outros delírios salvacionistas, alguns inspirados pelas tramas golpistas que circulavam por Brasília e pelos quartéis. No próprio dia 1º de janeiro, horas antes da posse, acampados comemoravam mais uma *fake news*: a notícia de que o exército impediria a posse de Lula e que o General Heleno assumiria a presidência.[5]

Mas a festa da posse ocorreu normalmente, em dia ensolarado, a multidão acompanhando a cerimônia, shows, recepção de Lula no Congresso, até a chegada do momento mais simbólico, que resume a transferência do poder. A subida da rampa é lenta, o presidente ladeado pelos Dragões da Independência é acompanhado pela primeira-dama, uma catadora de recicláveis, um jovem negro periférico, um líder indígena, um metalúrgico, uma cozinheira, um rapaz com paralisia cerebral e uma cachorra vira-lata. Simbolicamente, é acompanhado por um grupo que representa a diversidade do povo brasileiro do ponto de vista étnico, de gênero, classe e

---

5. Felipe Torre, "Bolsonaristas comemoram *fake* sobre exército impedir Lula de subir a rampa". *Metrópoles*, 1 jan. 2023; e "Faixa presidencial e General Heleno presidente: as *fake news* do dia da posse de Lula". *O Globo*, 4 jan. 2023.

Bolsonaristas radicais sobem a rampa invadindo o Palácio do Planalto no 8 de janeiro

condição — corpos que não se enquadram no modelo *cidadão de bem*, *pater* família cristão, em geral branco, do persistente imaginário colonial brasileiro.

E, na ausência de Bolsonaro (fugitivo em Orlando), Lula recebe a faixa presidencial de uma moça negra, integrante da Central das Cooperativas de Trabalho de Catadores de Materiais Recicláveis, Aline Souza. A atitude representou ostensivamente a insígnia "o poder emana do povo", fundamento da democracia e artigo 1º de nossa Constituição de 1988. Sinalizou, por inversão, que o antecessor deixara um "vácuo" de poder em sua fuga à Flórida. Talvez isso tenha despertado na fração radicalizada do bolsonarismo a percepção de terem perdido o *timing* para o autogolpe — das minutas de Anderson Torres, Coronel Cid e talvez outras que ainda possam surgir —; tomariam então as rédeas da insurgência.

A cerimônia referida, inusual e potente, tornou-se uma imagem espetacular de altíssimo poder comunicacional. Talvez seja uma das performances políticas e de construção publicitária mais engenhosas da história da democracia brasileira. Imagens estampadas em jornais do país e do mundo circularam incessantemente pelas redes no dia seguinte. De imediato, transmitiam uma nova ordem social pós-Bolsonaro: após tantas ameaças, simbolizavam a manutenção da democracia brasileira – e da ordem institucional –, indicando um horizonte de inclusão, garantia de direitos, apoio à diversidade e às camadas populares.

Assistindo à cena, bolsonaristas choravam e oravam, prostrados ou enraivecidos, viam-se diante do "intolerável". Eduardo Bolsonaro *twittou* imediatamente um: "Fora Lula!". Tratando de imagens de tragédias humanitárias (a categoria transcende os exemplos), Rancière definiu "imagens intoleráveis" como "intensidade estética de um espetáculo monstruoso" (2021: 97), daí a tendência a considerá-las "intoleráveis porque mentem" (p. 88). Elas instigam o espectador a sair da passividade, a se revoltar, a atuar: "a ação é apresentada como única resposta ao mal da imagem" (p. 87), despertando a vontade de devolver as coisas ao lugar, reordenar o mundo, acabar com os riscos, o horror da esquerda, a ameaça da invasão venezuelana, de seu filho ser doutrinado e *gayzificado*, receber uma mamadeira erótica etc. Enfim, a imagem do mal produz pânico moral e político e exige uma vontade de reação (paranoica), um clamor de urgência e ativismo nas ruas, o que pode ocorrer num sentido emancipatório ou meramente reativo e reacionário, como se viu.

No domingo seguinte, a turba de manés, *cidadãos de bem* em fúria, subiria a rampa, invadiria as sedes dos Poderes e quebraria tudo, em desrecalque de ódio e brutalidade. O choque entre o 1º e o 8 de janeiro seguiu reverberando. Direitistas moderados e mesmo uma parcela bolsonarista de cidadãos comportados e ordeiros passaram a se ver no espelho da vanguarda ativista e violenta da extrema-direita. Nas pesquisas realizadas nos dias seguintes, a imensa maioria rechaçava as invasões e depredações, incluindo bolsonaristas. Segundo o Instituto AtlasIntel, em pesquisa no dia 10 de janeiro, 76% da população discordava dos ataques; no DataFolha de 12 de janeiro, 93% condenava os atos. A maioria dos bolsonaristas também era contrária. A direita, diante do reflexo de sua própria imagem, não mais se reconheceria?

A direita se vê no espelho trincado
Cidadão de bem vandaliza?

As cenas filmadas em tempo real, e depois coletadas a partir das redes e celulares dos extremistas, inundaram a mídia no mesmo dia e nas semanas seguintes, produzindo não apenas a inversão no espelho da rebeldia insurgente esquerda-direita, mas o seu estilhaçamento para uma parcela da direita. À esquerda, no poder, coube a defesa das instituições e da ordem, num deslizamento semântico surpreendente ao insistir em denominá-los de "terroristas", usando incorretamente a legislação para isso.[1] Vitória dos militares, que fizeram a esquerda operar no seu campo discursivo e de operações, em "pinça

1. No Brasil, a definição legal de "terrorismo" está estabelecida na Lei n. 13.260, promulgada em 16 de março de 2016. Conhecida como Lei Antiterrorismo, foi elaborada por pressão internacional em função das Olimpíadas no Rio de Janeiro naquele ano. De acordo com o artigo 2º, "terrorismo" é definido como "praticar, reivindicar, promover, ou incitar, por motivo de xenofobia, discriminação ou preconceito de raça, cor, etnia e religião, atos com a finalidade de provocar terror social ou generalizado, expondo a perigo pessoa, patrimônio, a paz pública ou a incolumidade pública". A lei especifica vários atos que seriam considerados terrorismo, como usar ou ameaçar usar, transportar ou guardar explosivos, gases tóxicos, venenos, conteúdos biológicos, químicos, nucleares ou outros meios capazes de causar danos ou promover destruição em massa. Ela também explicita certas exclusões, sobretudo para movimentos sociais, manifestantes, ativistas ou grupos políticos que, mesmo que cometam atos ilegais ao reivindicar seus direitos por meio de protestos, não devem ser considerados terroristas. Mesmo com essa ressalva na lei, incluída por pressão das organizações populares, críticos argumentaram que ela poderia ser usada para suprimir a dissidência política e criminalizar movimentos sociais. Daí que o enquadramento como "terrorista" para o manifestante de 8 de janeiro é polêmica e contestável. Apenas a tentativa de explosão do caminhão-tanque em 24 dez. 2022 nas proximidades do aeroporto de Brasília poderia ser classificada como ato terrorista.

Cidadãos de bem em fúria

informacional", como apontou Leirner. Uma conquista e tanto: a esquerda institucional, que já havia recalcado a fração insurgente, agora assumia de peito aberto a posição de caçadora de terroristas subversivos. *Espelho, espelho meu...*

Já do lado bolsonarista, o dilema era inverso. Após a vitória de Lula no 2º turno, em 30 outubro de 2022, e um silêncio de 44 horas, contando com centenas de estradas bloqueadas por seus apoiadores, Bolsonaro chamou uma coletiva de imprensa para um discurso ambíguo: "os atuais *movimentos populares* (sic) são fruto de indignação e sentimento de injustiça de como se deu o processo eleitoral", acendendo a chama da revolta. E passa a despistar:

mas os nossos métodos não podem ser os da esquerda, que sempre prejudicaram a população com invasão de propriedade, destruição de patrimônio e cerceamento do direito de ir e vir.[2]

2. Discurso de 1º de novembro de 2022 reproduzido pela BBC *Brasil*.

Quebra-quebra estilhaça o espelho em que a direita se via

Girando o espelho, foi exatamente o que fizeram em 8 de janeiro, agiram "como se fossem" da esquerda.

Como fica, diante do quebra-quebra em Brasília, a "direita ordeira"? Viu-se em um reflexo distorcido: "patriotas", *cidadãos de bem*, "manés" seriam capazes de tais atos de depredação e vandalismo? Defensores da ordem, da tradição, da família e da propriedade seriam agentes de tanta violência? A resposta escapista foi: havia esquerdistas infiltrados. Ou seja, existia o desejo de reverter aquela ordem invertida, de colocar os espelhos e os sujeitos nos seus devidos lugares, devolvendo à esquerda o ônus histórico da insurgência, prática que fora sequestrada momentaneamente por alguns "aloprados".

Brasil Paralelo, um aparelho ideológico da extrema-direita, produtora de propaganda olavista travestida de "documentários", considera os ativistas de 8 de janeiro "desorientados", "inconsequentes" e transitando do "luto e negação" do resultado da eleição para "a hora da raiva". Dedica um documentário à derrota de 2022 e ao 8 de janeiro, *Lições do abismo* (*A direita no Brasil*, terceiro episódio), em narrativa recheada de clichês e lamentações.[3] Sem Olavo de Carvalho e apoiado em entrevistados medíocres e abatidos pela derrota, o filme expõe a incompetência e o despreparo da direita para comandar o país, para assumir o risco da insurgência e mesmo para fazer um documentário minimamente reflexivo e crítico. O narrador em *off*, Filipe Valerim, sócio da produtora, resume o incômodo com o 8 de janeiro:

vendo-se protagonista do caos e da baderna antes associados ao lado inimigo [a esquerda], os conservadores tiveram que lidar com a incômoda possibilidade de a direita agora também poder ser isso.

Evidentemente, sem recapitular as ações que promoveram a tentativa orquestrada de levante envolvendo organizações de direita, financiadores, militantes acampados, núcleo duro bolsonarista, militares nos bastidores etc. Diante dos espelhos trincados de Brasília, reafirmam que a direita é ordeira, democrática e defende *os bons valores*, pois arruaceira é a esquerda. Por um lapso momentâneo (de luto e raiva), os papéis teriam se invertido. Os órfãos bem-comportados de Olavo prometem ao final, num misto de ingenuidade e programa de ação, que tudo voltará ao seu devido lugar, pois a direita fará a lição de casa: estudar mais, disputar posições nas universidades e nos centros acadêmicos, aprender como funciona o Estado, formar quadros, montar um partido verdadeiro e planejar a retomada "ordeira" do poder. Enfim, tentarão seguir o exemplo da esquerda institucional desde o fim da ditadura: ter organizações próprias, quadros intelectuais, políticos e técnicos, centros de pesquisa, jornais e editoras, e um partido de massas com um programa para o país. Em novo reflexo no espelho e invejoso do PT, o olavismo dos *bons-moços* da Brasil Paralelo rechaça direita e esquerda radicais seguindo os passos da esquerda da ordem.

3. Sobre a trilogia *A direita no Brasil*, ver André Okuma e Fernando Frias, "Os (des)caminhos da direita segundo a Brasil Paralelo" em *Guerras culturais na ascensão (e queda?) do bolsonarismo*. São Paulo: Inverso, 2024.

Parcela das elites econômicas e culturais também se chocou com a horda quebrando tudo, sem distinção, inclusive obras de arte. *Faria limers*, em prédios espelhados e ternos bem cortados, também sentiam o cheiro de barbárie vindo de Brasília. Eis um dilema, ou fronteira a ser cruzada: recuam da aliança com o bolsonarismo ou também sujam as mãos, em caso de golpe, como já fizeram muitas vezes, apoiando o nazismo, regimes fascistas e ditaduras na América do Sul, sem falar de colonialismo e escravidão. Como demonstrou Florestan Fernandes, historicamente a burguesia nacional articula-se internamente com setores arcaicos, reprime os de baixo e, externamente, submete-se ao imperialismo em servidão voluntária. Aceita facilmente vias autoritárias, intolerância política e ditaduras preventivas. Daí a forte dissociação entre capitalismo e democracia no Brasil (Fernandes 1974). As frações do capital atuam nos bastidores, por delegação e uso de poder econômico; não vão ao *front*, onde está uma série de Ms para (à Hitchcock)[4] agir em seu favor: militares, milícias, máfias, malandros e manés.

A elite cultural também reagiu horrorizada à tomada dos palácios. À turba incapaz de apreciar a beleza, transparência e leveza da arquitetura e do "horizonte igualitário" da "utopia estética nacional" encarnada em Brasília. A beleza modernista teria sido violada pela selvageria *kitsch* dos patriotas em fúria, gente inculta, violenta e incivilizada, ignorante do "valor" de obras de arte, da arquitetura à pintura, de Niemeyer a Di Cavalcanti. Ora, insurgência, levante revolucionário ou intentona para produzir caos e instigar os militares a realizar o "segundo ato" é movimento de destruição da ordem, de ataque aos símbolos do poder. O ponto cego das elites culturais brasileiras é continuar considerando Brasília um ápice

---

4. Como em *Disque M para matar* (1954), o protagonista não quer cometer o crime com as próprias mãos e chantageia um "amigo" para matar em seu lugar e, ao fim, sair ileso e com a herança.

civilizatório sem perceber a barbárie que ela encarna desde o princípio.

Quem conheceu, viveu e narrou "a contrapelo" a construção de Brasília pelo ângulo dos trabalhadores, a viu (e ainda vê) benjaminianamente "como monumento de barbárie", reproduzindo de modo ampliado os padrões de violência, dominação e segregação da sociedade brasileira (Ferro 2006). Centenas de "candangos" ali morreram, se acidentaram, adoeceram, tiveram salários não pagos e, nos conflitos, foram metralhados.[5] Sem moradia na nova capital, os operários e suas famílias foram mantidos nos acampamentos de obras, removidos para longínquas periferias-satélites, em um dos mais violentos processos de urbanização apartada da história brasileira. Palácios são a outra face dessa moeda: suas estruturas brancas têm muito sangue derramado.[6]

---

5. Ver documentário de Vladimir Carvalho, *Conterrâneos velhos de guerra*, de 1990.
6. Há inúmeras pesquisas, livros, registros fotográficos e filmes sobre a construção de Brasília retratando toda sorte de violências sofridas pelos seus trabalhadores, famílias e demais migrantes da nova "corrida do ouro", como foi anunciada a construção da capital.

Mané e malandro no espelho da (des)ordem

Na véspera do 8 de janeiro, mais de uma centena de ônibus de vários estados do Brasil, patrocinados por indivíduos, empresas ligadas ao agronegócio e igrejas evangélicas, chegavam à capital e mantinham contato com o QG da rebelião: o enorme acampamento diante do quartel de Brasília. A PM escoltava os manifestantes até a Praça dos Três Poderes e, mesmo com inúmeras evidências de que não seria uma manifestação pacífica, nada fez – ao contrário.[1] Como as forças policiais e militares estavam ao lado e camufladas entre os manifestantes sem perspectiva de confronto direto, muito menos derramamento de sangue, os ataques aos palácios assumiram ar de "parque temático" para desrecalcar ressentimentos e ódios acumulados. De um lado quebra-quebra geral, de outro, certo *voyeurismo* da barbárie, estilo turismo de ocasião, instagramável em *selfies*, em meio ao caos e à destruição dos palácios – entremeados por orações e gritos de guerra, euforia e descarrego. O "cidadão de bem" sem freios, em impulso narcísico de cólera, com uma mão tirava *selfie* e com a outra depredava algo. Sabendo que não seriam reprimidos com violência, como mereceriam os sem-teto ou sem-terra, os "patriotas" estavam como num *playground*, numa insurreição sem repressão. Enfim, um teatro da produção consentida da baderna, rebelião *gamificada* e sem punição, transmitida em

---

[1] Em 18 de agosto, coronéis integrantes e ex-integrantes da cúpula da PM do DF foram presos depois de comprovada sua disposição para "realmente derrubar o governo eleito", segundo o procurador Carlos Frederico dos Santos, e teriam "facilitado o acesso da turba". Em matéria no G1, 18 ago. 2023.

Parque temático: invasores fazem *selfies* e *tour* pelos palácios invadidos enquanto depredam

tempo real pelos "jogadores" para suas plateias particulares em seus perfis e canais. E, como em todo *game*, os jogadores esperavam "pular de fase", consumando a "tomada do poder".[2]

Cumprida a sua parte, senhoras andando pelas rampas, evangélicos orando, patriotas alinhados com suas camisetas da CBF depois do quebra-quebra, todos se filmam e postam em tempo real. "Perfis" ambulantes em comportamento de

---

2. Em mensagem enviada no 8 de janeiro às 13h45, Saulo Cunha (então diretor-adjunto da ABIN) informou o General Gonçalves Dias (então diretor do GSI) que "Há o sentimento entre os manifestantes de que as forças de segurança do DF e o exército brasileiro não irão confrontá-los. Em todo o acampamento, circulam conversas e mensagens de aplicativo afirmando que PM e Forças Armadas os estariam apoiando". (Citado no relatório da CPMI do 8/1, p. 743.) Surpreendido com a mensagem, Gonçalves Dias dirigiu-se ao Planalto e descobriu que o Plano Escudo do palácio, supostamente acionado desde o dia 6 de janeiro, não havia sido executado pela Polícia Militar do DF, pela tropa de choque e pela guarda do próprio GSI.

Invasores do Planalto sentados com bandeiras do Brasil diante da tropa, aguardando a GLO e aplaudindo sua chegada

algoritmo emergindo das redes sociais estavam ali produzindo conteúdos, *selfies* e evidências da ação direta, do caos instaurado e, involuntariamente, se autoincriminando.

Enquanto circulavam pelos palácios, entre socos, chutes e *selfies*, aguardavam os militares entrarem em cena, aí sim para valer, no segundo ato golpista.[3] Seria o momento da metamorfose: o mané então seria novamente o malandro, aquele que dá a volta por cima, que engana o público escamoteando suas reais motivações. A pirotecnia destrutiva, as traquinagens nos palácios, os moleques travessos tinham feito sua parte para, agora, chamar a figura do "pai": as Forças Armadas. O mané, agora malandro, fez a performance

---

3. Segundo o delegado da Polícia Civil do DF em oitiva dos detidos, foi recorrente a informação de que "O objetivo era apenas ocupar os prédios, sentar e esperar até *vir uma intervenção militar* para não deixar o Lula governar". "Golpe militar evitaria comunismo, escravidão sexual e daria salvação espiritual, dizem presos no 8 de janeiro." *Folha de S.Paulo*, 2 jul. 2023.

para, enfim, os militares saírem às ruas para a batalha real do golpe a ser consumado. E, como na música de Chico Buarque, encerrada a tarefa, o malandro "acha graça e dá no pé", não se quer apanhado pelo que aprontou – mas, como veremos, será "julgado e condenado culpado pela situação".

A direita, assim, recompõe seu espelho. Teria sido mané, mas no fundo é malandra. Uma oscilação oportunista entre ordem e desordem, própria de quem quer levar vantagem na situação. Com a pichação "Perdeu, mané" na arquitetura monumental de Brasília, a turba raivosa quer se diferenciar do mané-perdedor, como diria o sambista Bezerra da Silva: "Malandro é malandro, mané é mané". Mas quem é malandro e quem é mané nesse roteiro tragicômico? O malandro não é mais o malandro clássico, o que vive na viração, como na música de Ismael Silva ou de Chico Buarque, e quase sempre leva a vida no arame. Embora esse tipo de malandro também seja malvisto pela turba raivosa, o malandro de Brasília, simbolizado no STF e na esquerda, é quem participa de altas conspirações e está sempre pronto a prejudicar o povo ou elaborar alguma armação para instaurar o comunismo no Brasil.[4] Os manés expressam o povo em sua pureza, *cidadãos de bem* em defesa da família e da pátria. Representam, assim, a tradição reacionária brasileira sedimentada em nossa longa duração histórica.

Contudo, o que vimos no levante de 8 de janeiro foi a metamorfose de mané explorado em malandro desordeiro, que usa de artimanhas para produzir a "perturbação da ordem", abrir caminho aos militares e dar a volta por cima. O "malandro" utiliza astúcia, esperteza e certa dose de imoralidade para se movimentar nas estruturas sociais, burlando regras e autoridades. O *cidadão-de-bem-malandro* oscila entre a ordem e a desordem, entre a aceitação das regras sociais

---

4. Em pesquisa DataFolha de 12 a 14 de junho de 2023 com 2,1 mil entrevistados, 73% dos eleitores de Bolsonaro consideram que o Brasil corre o risco de se tornar um país comunista. "Datafolha: 52% acham que Brasil corre risco de virar comunista." *Folha de S.Paulo*, 1 jul. 2023.

e a sua quebra, legalidade e ilegalidade, norma e transgressão. O próprio Bolsonaro, com seu clã familiar envolvido em todo tipo de pequenas e grandes trapaças, ao mesmo tempo posando de bom cristão e pai de família, é esse camaleão de mané-malandro que a multidão encarnou na sua irrupção de fúria medida para gerar o caos planejado. Afinal, o bolsonarismo também criou o herói da incorreção política, o herói malandro, bombado, tóxico, *trollador*, xingador, miliciano, conspirador, escroque, sonegador e contrabandista...

Rodrigo Nunes, retomando Adorno, entende que o "jogo entre racionalidade e irracionalidade", "impostura ou farsa", movimenta "impulsos antissociais desenfreados" típicos do bolsonarismo e herdeiros do fascismo (2022: 49). Segundo Nunes, os "afetos de humilhação", "ressentimentos", "orgulho masculino ferido" e "conspiracionismo" compõem um "sentimento antissistêmico difuso" que se torna força política.

A vingança dos *cidadãos de bem* e defensores da (des)ordem e das hierarquias já fora posta em prática no governo Bolsonaro e, antes, com a Lava-Jato, contra os considerados inimigos da ordem. Tal imaginário vê na bandeira nacional o signo máximo expresso nas palavras "ordem e progresso", e a ordem vem primeiro. Por "ordem" também se compreendem ordenamentos ou hierarquias sociais estabelecidas. A longa duração histórica da sociedade brasileira não nos remete a um passado glorioso de nação. Pelo contrário: remete à escravidão e ao colonialismo, à predação e espoliação, sedimentados na formação da mentalidade social brasileira. É preciso instaurar a desordem para que a (antiga, e "boa") ordem volte a reinar, "é preciso que tudo mude para que permaneça como está", na expressão de Lampedusa.

Nesse sentido, a defesa da ordem e das hierarquias sociais representa a naturalização da desigualdade social. Qualquer projeto minimamente reformista logo é acusado de desestabilizador. Segundo Florestan Fernandes, não há espaço no Brasil para reformas, e as viradas históricas só podem ocorrer por revolução ou contrarrevoluções.

A queda da Babilônia e a destruição de Brasília-Gomorra

A caravana para Brasília que resultou nas invasões das sedes dos Três Poderes também contou com forte impulso de pastores evangélicos patrocinando a ida dos fiéis[1] em uma cruzada contra o "demônio de 9 dedos" (Lula) e o "capeta careca" (Alexandre de Moraes). A imagem de Lula demônio não é nova: na disputa pelo segundo turno nas eleições de 1989, a Igreja Universal já exorcizava o então candidato à presidência com sessões de descarrego *avant la lettre*. De lá para cá, o processo de satanização de Lula e da esquerda se espraiou não só por igrejas evangélicas, mas nos movimentos das direitas brasileiras em geral contra a política. No roteiro dessa ascensão reacionária de massas estava a escolha de uma liderança, o seu Messias, e de seus antagonistas.

A bailarina e pintora Lucimary Billhardt, considerada a retratista oficial do bolsonarismo, tem produzido imagens provocativas, divulgando-as nas suas redes sociais.[2] Nas duas

---

1. A reportagem de Aguirre Talento mostra que houve financiamento de igrejas evangélicas em todo o país para assegurar a presença de fiéis, com pastores organizando caravanas de ida a Brasília. Em depoimento à Polícia Federal, um bolsonarista revela ter recebido R$ 400, pagos por um pastor. Apesar do pastor e a Igreja Batista confirmarem a "ajuda", discordam do termo "financiamento" para a viagem que resultou nos ataques. Em "Evangélicos presos no 8/1 dizem à PF que foram mobilizados por igrejas". *Uol*, 15 mar. 2023.

2. Maria Luiza Meneses escreveu dois artigos sobre a pintora: "O inimigo político nas obras de Lucimary Billhardt", em *Guerras culturais em verde e amarelo*. São Paulo: Unifesp, 2022, disponível em *ebook* gratuito; e "De Jesus Cristo a delírios astrais na pintura de Lucy Billhardt", em *Guerras culturais na ascensão (e queda?) do bolsonarismo*. São Paulo: Inverso, 2024.

Pintura de 2022 de Lucy Billhardt representando os inimigos da pátria

que apresentamos, estão representados os inimigos do Messias brasileiro, em especial Alexandre de Moraes e Lula. Na primeira, de maio de 2022, o cenário é Brasília e Bolsonaro, ainda presidente, acena com a bandeira, a presença de Cristo e uma espada de guerreiro das Cruzadas espetada no meio da Catedral de Brasília, simbolizando o "Senhor dos Exércitos". Os carecas, incluindo Moraes, têm cabeças de ovo ou de nozes, daí um inusitado quebra-nozes diante do Congresso. Lula, na parte inferior, representado como cachaceiro, é aqui figura secundária, candidato a ser derrotado. Está ladeado

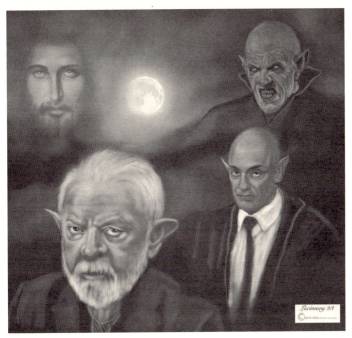

Pintura de 2023 de Lucy Billhardt representando os inimigos da pátria e a presença de Cristo

dos verdadeiros antagonistas: os ministros do STF, com coroas douradas de pseudo-monarcas da República. Lucy repete a representação que fizera de Lula satânico, copiada de outra pintura, com uma garrafa de cachaça com bico de *mamadeira de piroca*, síntese das fabulações delirantes sobre ele e o PT.[3] Na segunda postagem, de julho de 2023, tudo é mais sombrio. Na cena noturna, novamente o "demônio de 9 dedos" e

3. Sobre essa representação de Lula, ver artigo de Maria Luiza de Meneses "O inimigo político…". Sobre o *kit gay* e a *mamadeira de piroca*, ver Pedro Arantes et al., "Assombro, transgressão e falsificação na estética de combate bolsonarista: Armas discursivas e produção visual na vitória da extrema-direita em 2018". Revista *Eco-Pós*, UFRJ, 24(2), 90–123, 2021.

o "capeta careca" aparecem, desta vez com Lula eleito, em destaque no primeiro plano. Ao fundo, ao lado da lua cheia, a mesma imagem de Cristo, agora sem Bolsonaro ao seu lado, mas uma figura monstruosa que indica o novo tempo de trevas.

Voltemos ao campo de batalha do 8 de janeiro. Para uma parcela dos que invadiram os palácios, os ataques a Brasília podem ser interpretados numa chave mítica e cristã do temor da "queda do céu como um relâmpago" de Lúcifer em sua rebelião contra Deus. Numa perspectiva milenarista e messiânica que sempre integrou a política brasileira, agora reeditada na insurreição de extrema-direita, como no Capitólio, a tomada de Brasília é novamente urgente. Lula Satanás e Alexandre Lúcifer tomariam conta da capital, perseguindo os *cidadãos de bem* e os *bons cristãos*, instaurando uma tirania do STF e um governo sob comando de corruptos e minorias degeneradas (como gays, lésbicas, trans, feministas, indígenas, maconheiros, praticantes de religiões de matriz africana etc.).

A iminência do Apocalipse é mobilizadora e tem papel significativo na mentalidade e no ativismo de grupos fundamentalistas. Eles interpretam por meio das profecias bíblicas a atual acumulação de crises (do capitalismo, da hegemonia norte-americana, do mundo do trabalho, do Ocidente, dos valores cristãos, da família tradicional, além das catástrofes naturais, aquecimento global, guerras e tragédias diversas) e de ameaças, algumas reais e outras delirantes (imigrantes, criminalidade, terrorismo, "ideologia de gênero", vacinas, conspiração de bilionários pedófilos, fechamento de igrejas e perseguição de fiéis, a eterna ameaça comunista, agora com risco de invasão venezuelana do Brasil etc.).

Esse deslizamento semântico entre religião e política, entre doutrina e realidade, acrescenta à sensação material e subjetiva das crises (muitas delas são reais) uma angústia diante da possível proximidade do Apocalipse bíblico. No Brasil, esse imaginário foi estimulado pela novela *Apocalipse*, exibida pela TV Record entre 2017 e 2018, e pela pregação

Print de cena da novela *Apocalipse* da Record (2017–18, com reprise ampliada em 2020)

de inúmeros pastores. Renato Cardoso, genro influente de Edir Macedo (dono da Universal e não por acaso da própria Record), lançou em 2020 o livro *A Terra vai pegar fogo – você vai estar aqui para o apocalipse?*, ilustrado com imagens da novela. Na orelha, um alerta ao leitor:

> É necessário ler esse livro e meditar sobre ele, à medida que fica evidente que vivemos os últimos dias nessa Terra. Você está preparado?

A vinheta de abertura da novela *Apocalipse* apresentou surpreendentemente uma Brasília em chamas, sendo bombardeada por meteoros. A reação unânime do público nos comentários nas redes era a favor do ataque à capital: "Começou com Brasília pegando fogo. Já gostei..."; "Seria o sonho de muitos brasileiros????"; "Aqueles dias serão tristes e os povos da terra estarão desesperados e assustados com tamanha destruição... Exceto no Brasil que vamos comemorar vendo essa cena" etc. A novela teve uma reprise com episódios inéditos em 2020, em plena pandemia. De forma macabra,

Três mulheres em oração

em meio às mortes pela Covid-19, aproveitou-se novamente para "anunciar e garantir que o mundo ia se acabar".[4]

Essa iminência do Juízo Final estimula um senso de urgência nos fiéis e intensifica o de missão, para que os verdadeiros cristãos estejam crispados e em "batalha espiritual" contra as forças do mal. Já vimos como esse imaginário foi evocado no acampamento dos "300 do Brasil", ao fazerem referência e encenarem táticas dos "300 de Gideão", quando israelitas teriam sido guiados por Deus, com astúcia, para derrotar um exército muito superior.

Os ataques aos palácios de Brasília tinham assim uma disposição de Guerra Santa e de Purificação para exorcizar as forças diabólicas que se apossaram da República. Não é demais lembrar: uma das manifestantes, Rosely, declarou em depoimento à Polícia Civil que

quem veio para Brasília veio [...] tentar salvar o Brasil de um governo que quer acabar com a família e as igrejas, [...] proteger seus filhos

---

4. Citando aqui o verso da genial letra de Assis Valente, "O mundo não se acabou", de 1938, que há quase um século já ironizava em samba os apocalípticos.

Grupo de invasores em oração no plenário do Congresso

e netos, [...] impedir as mulheres e crianças de se tornarem escravas sexuais.[5]

A maioria dos vídeos e imagens da atuação dos invasores foi retirada do ar, restando poucos registros visuais das orações durante os ataques. Dois deles estão presentes no início do documentário da BBC News Brasil sobre a participação evangélica na invasão.[6] No *frame* retirado de um dos vídeos, vemos três mulheres em oração em uma sala ou seção dos prédios públicos. A primeira, ao fundo, está segurando uma bíblia com a mão direita e está com o braço esquerdo levemente erguido, envolta na bandeira nacional, com boné e camiseta amarela. À esquerda, outra com os braços elevados, o rosto pintado nas cores da bandeira, óculos e, sobre a roupa branca, fitas verde-amarelas. Da terceira figura, aparece apenas o rosto, mas se nota que está com os olhos fechados,

---

5. "Golpe militar evitaria comunismo, escravidão sexual e daria salvação espiritual, dizem presos no 8/1." *Folha de S.Paulo*, 2 jul. 2023.
6. Documentário da BBC News Brasil intitulado *Profetas do bolsonarismo: como a religião foi usada no 8 de janeiro*, publicado em 4 mar. 2023 no YouTube. Consulta em 5 jul. 2023.

Chamada feita por Ana Priscila em grupo do WhatsApp. Com o código "Festa da Selma", ironiza o Congresso e o anuncia como a "mesa do bolo". E *print* do vídeo postado no YouTube "Presos em Brasília oração em conjunto — súplica pela liberdade"

concentrada em oração, assim como as outras duas. Caso parecido é visto no grupo que ocupou o plenário do Congresso. Em oração, todos utilizam o verde e amarelo como uniforme, alguns com a bandeira nacional nas costas.

Em toda a gestualidade de ataque e unção aos prédios públicos, é possível observar a ânsia pela salvação de Brasília, que passa pela destruição das estruturas existentes no local, como se quebrar vidros, objetos, obras e móveis significasse quebrar o próprio modelo político tomado pelo Diabo. A República, podre e ineficaz, só pode ser substituída por um regime dirigido por militares ou por um "escolhido de Deus".

Brasília tomada por forças degeneradas pode ser interpretada como a reedição de Sodoma e Gomorra, ou como a nova Babilônia, na iminência da sua queda. Uma das lideranças identificadas dos atos de 8 de janeiro, Ana Priscila Azevedo (que chegou a ser acusada de infiltrada de esquerda), utili-

Ao final do quebra-quebra, a ativista faz o sinal de missão cumprida, dando a entender que agora era o Exército que entraria em cena

zava correntes de transmissão de mensagens no Telegram, sendo a principal delas um grupo com 30,4 mil pessoas intitulado "A Queda da Babilônia". Segundo matéria de Victória Bechara, Ana Priscila compartilhou vídeos de dentro do Palácio do Planalto durante a invasão e incentivou a "tomada de poder pelo povo" para sitiar os Três Poderes. Em uma das mensagens, escreveu:

Nós estamos tomando de assalto o poder que nos pertence. A vitória pertence àqueles que acreditam nela por mais tempo. Estamos apenas começando! Chora pelegada, é pé na porta, porra![7]

A escolha do nome do grupo não é casual, e parte do tráfego de mensagens tem caráter messiânico, salvacionista e de urgência para cumprir a justiça divina. A queda de Babilônia no *Antigo Testamento* é o momento de sua conquista pelos persas sob o comando de Ciro, o Grande, em 539 a.C., quando são libertados os judeus levados em cativeiro pelo

---

7. "STF bloqueia canal no Telegram de líder de atos terroristas." Revista *Veja*, 11 jan. 2023.

rei Nabucodonosor II para retornarem e reconstruírem o Templo de Jerusalém.

No *Antigo Testamento*, vários profetas, como Isaías e Jeremias, previram a queda de Babilônia. Por exemplo, Isaías (45:1) nomeia Ciro como o ungido (ou "messias") que Deus usaria para realizar essa tarefa. Em literaturas bíblicas posteriores e interpretações teológicas, a "Babilônia" muitas vezes é simbolicamente representada como uma cidade de opressão, pecado e idolatria. Por exemplo, no livro do Apocalipse no *Novo Testamento*, Babilônia é usada simbolicamente para descrever um sistema mundial corrupto e opressivo que finalmente cai sob o julgamento divino.

Já a história da queda de Sodoma e Gomorra é encontrada no livro de Gênesis. Na narrativa, Deus destrói ambas as cidades devido à perversidade de seus habitantes, incluindo a homossexualidade (Gênesis 19:5-7). Em outras passagens da Bíblia, as falhas de Sodoma são descritas mais amplamente, incluem a arrogância, a indiferença aos pobres e o abandono do direito e da justiça (Ezequiel 16:49-50).

Sodoma e Gomorra habitam o imaginário social e cristão como cidades que concentraram em si todos os males e perversidades. Historicamente foram denominados "sodomia" os comportamentos homoafetivos masculinos por grupos religiosos homofóbicos que classificavam tais relações como "antinaturais". O apelido com referência bíblica é pejorativo porque o que praticavam os moradores de Sodoma e Gomorra não eram relações consentidas, mas sim estupros e abusos sexuais, comportamentos que teriam atraído a fúria de Deus. Muitos pentecostais veem a queda de Sodoma e Gomorra como um exemplo do julgamento e castigo de Deus sobre corpos, cidades ou nações degeneradas e corruptas em todos os sentidos.[8]

---

8. No artigo "8/1: Fé e fúria em Brasília", publicado em *Guerras culturais na ascensão (e queda?) do bolsonarismo*, desenvolvemos uma interpretação da atuação dos evangélicos e suas narrativas messiânicas na convocação do ato, no próprio 8 de janeiro e na avaliação da derrota.

Destruir Sodoma-Brasília torna-se, portanto, a encenação contemporânea de uma narrativa bíblica, como se salvar os palácios pútridos comandados pelo PT-satânico ou pelos capetas do STF fosse o início de uma nova história sagrada para o Brasil, iniciada em 2018 com a eleição do Messias, o escolhido. Bolsonaro encontrou os palácios impregnados com toda a sujeira ideológica comunista, homossexual, feminista, indígena e negra, por corruptos e malandros, acumulada em quase duas décadas de governo petista, sujeira esta que inclusive o impediu de governar plenamente. E novamente os palácios seriam tomados pela escória satânica.

Pensando no fracasso do 8 de janeiro, há outra leitura teológica possível, às avessas. O imaginário da destruição destas cidades malditas pressupunha o sopro divino para levar os guerreiros à vitória. Os fiéis precisavam ser orientados e conduzidos por Deus nessas batalhas ou, ao menos, por um suposto "escolhido", para que saíssem vencedores. Daí que a derrota no 8 de janeiro, com a restituição da institucionalidade e com a prisão em massa dos manifestantes, deu aos fiéis um mau presságio: o de que Deus poderia não estar do lado deles. Seu Messias (Bolsonaro, no caso) esteve ausente, permaneceu em silêncio, dando mínimos e incompreensíveis sinais,[9] ou por meio de mensageiros, também em frases lacônicas ou enigmáticas. Por fim, saiu do campo de batalha, indo para a Flórida, no momento em que os fiéis se preparavam para o combate.

Mesmo sem claro sinal de comando, a base se manteve fiel e esperançosa por orientações mais diretas, seja de Bolsonaro ou do General Augusto Heleno, suposto líder da reação extremista e instigador de ódio a Lula e Moraes. Heleno cumpre muitos dos requisitos encontrados em Bolsonaro: também militar (mas de alta patente), com propensão evangélica, pai de família, conservador e *cidadão de bem*. Essa busca in-

---

9. Ver "'Nada está perdido': as frases de Bolsonaro a apoiadores após eleição". *Uol*, 9 dez. 2022.

cessante por um líder que pudesse dar ordens e orientar os caminhos para os seguidores messiânicos também reforça o laço psíquico que a figura de um "pai primordial" freudiano representa para esta "horda primeva".

Mas na hora H faltou o comando e o sopro divino necessário à vitória. Já presos, os fiéis desiludidos postam o vídeo "Presos em Brasília: oração em conjunto – súplica pela liberdade". Dentro de um ginásio, aparecem em oração e acampadas centenas de pessoas detidas nos ataques. O objetivo do registro é mostrar que os "terroristas", como nomeados pelas "emissoras e os esquerdistas", na realidade são "um povo que se humilha diante de Deus" e que "estão sentindo na pele a dor da injustiça".

O contraste entre o termo pelo qual foram denominados e o gesto de devoção ao Senhor tem a intenção de reverter o espelho distorcido do fiel-agora-terrorista (aliás, é bom lembrar que grande parte do terrorismo é alimentada pelo fundamentalismo religioso). O apelo a Deus, em súplica e prostração, pretende purgar da memória coletiva o ato (pecado?) de bárbara depredação de prédios públicos e obras de arte praticado pelas mesmas pessoas. Estão pedindo perdão a Deus, ao mesmo tempo que estão em dúvida sobre a natureza penal do ato que praticaram, sentindo-se injustiçados por terem ido parar na prisão. Afinal, não estavam lá como guerreiros para salvar o Brasil? O que falhou? Daí transparece a frustração e mesmo a indignação, não apenas com a "mídia esquerdista", mas com a fuga do Messias brasileiro e a omissão dos generais, como veremos no último capítulo.

Um exército de Brancaleone ou terroristas organizados?

Para além da simbologia religiosa, as imagens da invasão de 8 de janeiro também permitem um jogo de espelhos entre "exércitos" (fardas militar e canarinho) e suas intersecções. O verde-amarelo que atacou Brasília lembra o filme de Mario Monicelli, *O incrível exército de Brancaleone* (1966). Na comédia ambientada na Idade Média, o "exército" de Brancaleone é apenas um bando de desajustados, não uma força militar real. A comédia decorre das falhas e incompetências de Brancaleone e seu grupo, pois aquele *exército* representa satiricamente o feudalismo, instituições e classes sociais medievais. O humor explora temas sérios e muitas vezes trágicos; o "exército" representa marginalizados e lutadores contra uma estrutura social que os desfavorece.

A turba meio mambembe e amalucada que invade os palácios, na ausência da força armada oficial, dá o tom tragicômico ao evento brasileiro. Aqueles manés, durante dois meses em frente aos quartéis, imploraram aos militares que saíssem da caserna para restabelecer a ordem e a verdade contra a suposta fraude eleitoral, e viram-se instados a iniciar a mobilização. Dispuseram-se a dublar as Forças Armadas e iniciar o primeiro ato do golpe. Sempre pressupondo um jogo combinado: os militares de verdade entrariam depois em cena para impor ordem ao caos fabricado, o que não ocorreu por diversos motivos. Por isso, a invasão dos palácios, em ataque de ato único, tem caráter rocambolesco e farsesco – inverossímil, mas cuja trama urdida também nos quartéis, progressivamente é revelada.

Nossa comparação com o *Exército de Brancaleone* só é parcialmente válida. Existem mais gêneros envolvidos: terror *trash* com pitadas de tragicomédia, surrealismo, filmes de ação e teatro do absurdo. A organização e logística dos invasores estão longe do mambembe exército Brancaleone: o que vimos foi um movimento organizado com estratégia e táticas militares; caravanas de ônibus provenientes de diversas regiões do país com infraestrutura alimentar e alojamento indicam claramente um método de organização, financiamento e ação. Na movimentação simultânea de ataque veloz às Três sedes de Poderes, a maneira como invadiram, movimentaram os gradis protetores, atacaram policiais, usaram o sistema de incêndio, dão numerosos indícios de ação profissional envolvida, não apenas amadora.

Nos dias imediatamente anteriores ao 8 de janeiro, circulou nas redes bolsonaristas um infográfico expondo o "uniforme" para a ação. O jornal online *O Bastidor*, de Diego Escosteguy, revelou o material no dia 5 de janeiro, três dias antes dos ataques, circulando por redes bolsonaristas, inclusive no grupo "A Queda da Babilônia".[1] Era a descrição de um *black bloc* patriótico, ou um *green-yellow bloc*:[2] paramentado para um enfrentamento com forças policiais. A justificativa para o uso da bandeira como capa autoprotetora baseava-se em decreto-lei de 1969, que proíbe a destruição da bandeira e símbolos pátrios, sob risco de prisão, com pena de dois a quatro anos. Portar a bandeira, em geral amarrada ao pescoço como capa de super-herói, seria uma forma de impedir que o manifestante apanhasse da polícia.

---

1. Samuel Nunes, "A bandeira antibombas". *O Bastidor*, 5 jan. 2023.
2. Cabe distinguir além das cores: *black blocs* atacam símbolos do poder capitalista, prédios corporativos, franquias de fast-food, lojas de grife, bloqueiam reuniões da OMC, FMI e Banco Mundial. Nossos *yellow-green blocs* jamais atentariam contra o capital, que veneram enquanto "empreendedores" do reacionarismo. Também não atacaram as casamatas do Estado, militares e polícias, mas as vidraças dos palácios civis.

"Infográfico do revolucionário pacífico" orientando a paramentação do *yellow-green bloc*

Aqui mais um sequestro de táticas e estéticas da esquerda. Esse tipo de indumentária para manifestação, preparada para combate de rua, foi disseminado internacionalmente depois dos enfrentamentos em Seattle (1999), Praga (2000) e Gênova (2001) e de outras ações do movimento altermundista contra a OMC, FMI, Banco Mundial e G-7. Aqui no Brasil, essas manifestações também ocorreram a partir do início dos anos 2000, como o protesto contra a Cúpula das Américas e a ALCA em 2001 em São Paulo, entre outros. A performatividade de rua e o visual dos ativistas foi tema de um livro-fotográfico de André Ryoki com Pablo Ortellado (*Estamos vencendo!*, Conrad, 2004). Na Espanha, a rede de grupos anticapitalistas chamada *Las Agencias* ironizava esse "figurino" de esquerda em uma série provocativamente chamada *prêt-à-révolter* (um *prêt-à-porter* da moda de rua altermundista). Foi desenhado para ser de fato usado em protesto contra a cúpula do Banco Mundial em Barcelona em 2001 — já que parte da tática da esquerda antiglobalização capitalista era a performatividade teatral e lúdica, uma "arte do protesto", ampliando seu efeito midiático.

A diferença é que, nas manifestações da esquerda, os ativistas eram brutalmente atacados pela polícia e demais forças de repressão e controle da ordem. Nas várias passeatas, protestos e acampamentos da direita, a polícia rarissimamente reprimiu, sendo em geral recebida com abraços e *selfies*. A turba verde-amarela do 8 de janeiro sabia que o enfrentamento pesado não ocorreria. Seria encenação. Como de fato foi, com policiais militares do DF escoltando a horda e tomando água de coco enquanto o quebra-quebra acontecia.[3] Só depois de mais de duas horas de destruição foram iniciadas as movimentações de contenção da Polícia Militar, que resultaram em apenas 6 feridos entre os manifestantes e sur-

---

3. "Policiais do DF abandonam barreira e compram água de coco enquanto manifestantes invadem STF." *Estadão*, 8 jan. 2023.

Manifestante da resistência global no Brasil. São Paulo, 2000

Figurino irônico do grupo Las Agencias, *prêt-à-révolter*, 2001

preendentes 44 entre os policiais – proporção totalmente inusual se comparada a manifestações da esquerda.[4]

Independente disso, o visual de combate era requisito do figurino "revolucionário" da direita radical. Do kit-guerrilha na selva com roupas de camuflagem, coturnos e binóculos a máscaras antigás, tudo indica uma verdadeira preparação para o confronto. Assim, os conspiradores representam imagens e imaginários diversos com um objetivo: a derrubada dos usurpadores do poder. O clima geral, contudo, era mais de parque temático do "quebre-você-mesmo" do que de um campo de batalha real.

A meta não foi somente tomar Brasília de assalto e reiterar a mensagem de que o bolsonarismo está vivo e resiste, mas mimetizar a esquerda das Jornadas de Junho de 2013 e estetizar a política sob o ponto de vista imagético da extrema-direita. As cores verde-amarelo da seleção brasileira, estética

[4]. "PMS feridos de forma violenta por vândalos no último dia 8 contam como foram as agressões." *G1*, 16 jan. 2023.

Personagens em figurino patriota de teatralização da guerra

CBF — "Casa Bandida do Futebol", expressão de Juca Kfouri —, com a bandeira nacional como manto sagrado ou capa protetora, tornaram-se o uniforme da turba enraivecida. De outro lado, mesmo impressionante, a entrada em campo para o quebra-quebra fora das "quatro linhas" já estava condenada ao fracasso, ou a novo 7 x 1.[5] Objetivamente, já não fazia o menor sentido estratégico uma ação golpista em 2023, com o suporte de Biden a Lula, o governo empossado, o apoio popular na posse espetacular, a mídia favorável, uma PEC da transição aprovada etc. Mesmo assim, preparam-se para a performatividade do combate suicidário. Mais uma vez, manés?

---

5. A derrota em julho de 2014 para a seleção da Alemanha, nas oitavas de final na Copa do Mundo, é considerada o maior fracasso (e vexame) da seleção brasileira. A performance avassaladora da Alemanha, que fez cinco gols em 18 minutos, é comparável à *blitzkrieg*, tática de ataques rápidos e surpreendentes utilizada pelos nazistas durante a Segunda Guerra Mundial.

Personagens em figurino patriota de teatralização da guerra

O fracasso da "tomada do poder" no 8 de janeiro não é derrota final e pode ser ponto de partida (ou mutação) para consolidar a direita rebelde e contrarrevolucionária no país. Comparando à Alemanha, agora no plano político, lembremos do *Putsch* da Cervejaria de Munique em 1923, também uma tentativa fracassada de tomada de poder por Hitler, o Partido Nazista e grupos nacionalistas e paramilitares. No confronto, 16 nazistas morreram, Hitler foi preso e julgado por traição. Mesmo derrotado, conseguiu transformar seu julgamento em palco para divulgar suas ideias e, na prisão, escreveu *Mein Kampf*, revisitando táticas políticas e de manipulação que adotaria para ascender ao poder nos anos seguintes.

Em sinal invertido e ao quadrado, a esquerda institucional fez coro com o discurso midiático e também nomeou "terroristas" os invasores, as mesmas palavras usadas pela mídia e pelas forças conservadoras nas manifestações de junho de 2013. Ato falho ou coerência? Lembremos: em 2016, no governo Dilma e sob pressão do Comitê Olímpico Internacional (COI), foi promulgada e aprovada a Lei Antiterrorismo (13.260/2016), para criminalizar manifestações e depredação do patrimônio público. A Ditadura Militar (1964–1985) considerava terroristas a insurgência e a guerrilha. Na nova quadra da história, agora a esquerda institucional abandona o horizonte revolucionário e passa ao posto de principal guardiã da ordem, do Estado de Direito e da democracia liberal burguesa, adotando os aparatos de repressão e tecnologias de identificação facial em massa para enquadrar rebeldes. O governo Lula também apresentou nova legislação para aumento de penas e novas tipificações nos "crimes contra o Estado democrático de Direito", com penas de até 40 anos de prisão (PL 3611/2023).

Nesse jogo de espelhos e inversões coube à direita, em especial à extrema-direita, tornar-se cada vez mais ativa na mobilização e comunicação, na agitação e ocupação das ruas, e na aposta em levantes e insurreições, mesmo que, contraditoriamente, em nome do retorno à ordem, aos valores pré-estabelecidos e da manutenção de hierarquias históricas. O ideário da revolução regressiva é acompanhado pela ideologia econômica ultraliberal cujo objetivo é também regressivo e predatório: a formação de um Estado-máfia em conluio com as forças privadas para alargar fronteiras de negócios e avançar na destruição dos direitos sociais. Uma combinação de "pré e pós-moderno, entre a autoridade tradicional e o esvaziamento do social pelo neoliberalismo", que revoga as conquistas democratizantes da modernidade, como apontou Rodrigo Nunes (2022: 46).

Nesse jogo, coube à extrema-direita a aposta máxima na invasão do 8 de janeiro, na intenção de puxar a corda e exigir a intervenção das Forças Armadas. Com Bolsonaro no autoexílio, apenas a Marinha, a Aeronáutica e principalmente o Exército eram capazes de exercer o poder moderador e realizar a intervenção, caso fosse necessária. A estratégia aparentemente simples, contudo, supostamente calculada pelos invasores (e forças especiais camufladas), como "engenheiros do caos" (Empoli 2019), era promover a desordem para forçar o governo federal a decretar uma Garantia da Lei e da Ordem (GLO) e, quiçá, estado de sítio.[6] Pelo cálculo, bastava esperar o contra-ataque da esquerda e torcer para que fosse pesado, pois assim viria a intervenção e a ordem seria restabelecida. Para a extrema-direita, atingir a ordem via desordem nunca foi um empecilho. A retórica da ordem é aparência no discurso (como no do presidente derrotado), mas, como estratégia de ação, a desordem promove a desestabilização institucional.

O desenrolar dessa trama ainda promete novos capítulos. O fio de Ariadne começou a ser desenrolado e, a cada dia, novos elementos entram em cena na CPMI do 8 de janeiro, no STF ou nos inquéritos da Polícia Federal. Apesar dos contornos legais e institucionais das invasões, interessa compreender o movimento da extrema-direita e seu possível desfecho. Daí ser preciso ir além do bolsonarismo como força política mobilizadora. Este último, enquanto movimento indutor, desencadeou forças profundamente reacionárias no imaginário social brasileiro. A presença ou não de Bolsonaro no cenário eleitoral não significa derrota da extrema-direita; pelo contrário, armou-se a bomba relógio nas últimas décadas, e não somente nos anos bolsonaristas, graças à progressiva administração militarizada da vida social (Arantes 2014) e ao poder também crescente dos evangélicos na gestão da vida cotidiana e mental de parcelas importantes da sociedade (Spyer 2020).

---

6. Lembremos que em caso de GLO ou estado de sítio, os batalhões de Brasília poderiam receber reforço de tropas da capital mais próxima, Goiânia. Na estratégia golpista, o ajudante de ordens de Bolsonaro, tenente-coronel Mauro Cid, fora indicado para assumir o comando do Batalhão de Ações Especiais do Exército em Goiânia (os chamados "*kids* pretos", que já mencionamos). A decisão foi revogada por Lula, o que causou a primeira crise na nova gestão, com vinte dias de governo, com a demissão do comandante do Exército, General Arruda, que se negava a revogar a nomeação de Mauro Cid. Ver "Por que o general foi demitido". Revista *Piauí*, 22 jan. 2023.

Depois de janeiro, a paz será total?

Após quase quatro horas de destruição, a chegada de reforços militares e policiais para interromper o quebra-quebra produziu reações antagônicas. Alguns perceberam que a prisão em flagrante ocorreria – e procuraram escapar (o malandro "acha graça e dá no pé", canta Chico Buarque). Os que fugiram para o acampamento defronte ao QG de Brasília foram protegidos pelos militares e ganharam tempo para sair da capital.[1] Outros, contudo, aplaudiam os militares, cantavam, rezavam e comemoravam a tropa finalmente saindo da caserna e tomando as ruas. Mas a ilusão durou pouco.

O Coronel da reserva Adriano Testoni, um dos envolvidos no quebra-quebra ao lado da esposa, ambos com camisetas da CBF, percebendo que a entrada em cena dos policiais e militares não aprofundaria a crise no sentido que pretendiam, em ataque de fúria contra o alto comando, grava aos berros um vídeo de desabafo que viralizou:

Bando de generais filhas da puta. Covardes. Olha o que está acontecendo com a gente. Alto Comando do caralho [cospe]. Olha o povo, minha esposa [...] Forças Armadas, filhas da puta. Bando de generais filhas da puta. Covardes. Esse nosso Exército é uma merda, que vergonha. Vergonha de vocês, militares, companheiros de turma, vão tudo tomar no cu. Vanguardeiros do caralho, vanguardeiros do cu.[2]

---

1. "Exército monta barreira e impede PM de desmobilizar acampamento no QG." *Metrópoles*, 8 jan. 2023.
2. Disponível no YouTube. Consultado em 2 jul. 2023.

Consequência: exonerado, tornou-se réu por injúria na Justiça Militar.[3]

Cerca de 40 ônibus levaram os presos em flagrante à superintendência da Polícia Federal, onde foram fichados e enviados ao Complexo Penitenciário da Papuda e à Penitenciária Estadual Feminina do Distrito Federal, a Colmeia. Dos mais de 2 mil detidos, 684 acabaram liberados por "questões humanitárias", como velhice e problemas de saúde, mães de criança etc. Os demais ficaram detidos em prisão preventiva ou foram mantidos supervisionados com tornozeleiras enquanto os processos corriam. Até junho de 2023, 350 seguiam presos; 1.390 foram denunciados e estavam sendo julgados.[4]

Na prisão, os "patriotas" reclamavam de falta de *wi-fi*, de água gelada, falta de conforto nas celas, sujeira nos banheiros e qualidade da comida. Muitos, estarrecidos com a situação, jamais imaginaram ser presos e processados. Um bolsonarista detido se queixou, durante a audiência de custódia, que foi preso "contra sua vontade". O juiz esclareceu: "Não sei se o senhor sabe, mas é assim que a prisão funciona".[5]

A situação era inusitada para os que agora se viam encarcerados e para os bolsonaristas que assistiam, incrédulos, na TV e nas redes sociais, aos *cidadãos de bem* atrás das grades. Afinal, algumas das bandeiras que unificam grande parte da direita brasileira são "bandido bom é bandido preso (ou morto)" e "direitos humanos para os humanos direitos". O que fazer agora, quando os *cidadãos de bem* são tratados como (ou são de fato) bandidos e terroristas? Quando os heróis do povo brasileiro passam a ser vistos como vilões e depredadores do bem público?

---

3. "Coronel que chamou Forças Armadas e generais de *filhos da p...* vira réu por injúria." *Estadão*, 23 jun. 2023.
4. Conforme dados da *Agência Brasil* de 26 jun. 2023.
5. "Bolsonaristas presos reclamam da falta de *wi-fi* e de água gelada." *Estado de Minas*, 16 jan. 2023.

O que deu errado na insurreição, agora "intentona"[6] de 8 de janeiro? Bolsonaro faltou ao compromisso de defender o Brasil da ameaça comunista e dos corruptos? Os militares se acovardaram, recuaram diante da falta de apoio externo, em especial dos EUA? Quem fez quem de mané? Os patriotas, agora "patriotários", foram abandonados pelos líderes, pelo Messias e Generais, ficaram isolados, foram cercados e presos. A fantasia de que o estopim popular geraria a mobilização necessária para o golpe, teatralizada pela vanguarda (vã-guarda) bolsonarista, agora retornava ao real.

Além de eleito, empossado, fortalecido pela reação em defesa das instituições e da nossa frágil e incompleta democracia, Lula deu a volta por cima. Os apoios internacionais foram inúmeros e imediatos.[7] Justiça seria feita aos revoltosos, com prisões em massa e julgamentos céleres. Tecnologias de informação e identificação facial funcionaram rapidamente, alimentadas pela própria geração incessante de imagens autoincriminatórias dos personagens em ato.

Caíram numa arapuca? Foi tudo montagem? Quem, afinal, era o diretor daquele teatro de fúria consentida? Se os militares autorizaram, por que não seguiram o roteiro combinado? O que falhou, quem faltou ao encontro? De fato, o último ato não se consumou como previsto: o feito heroico tornou-se vexatório, o teatro épico era farsesco. O exército de Brancaleone verde-amarelo e o exército de fiéis em Cristo não foram salvos a tempo, nem pelo exército profissional e nem pelo sopro de Deus, para consumar o que pretendiam.

---

6. "Intentona" é uma palavra originária do idioma espanhol, usada também em português, que se refere, de maneira geral, a uma tentativa de golpe ou a um levante fracassado, uma rebelião ou revolta que não conseguiu atingir seus objetivos ou que foi suprimida antes que pudesse ganhar impulso significativo. O termo carrega uma conotação de imprudência, sugerindo uma ação mal planejada ou executada sem a devida consideração das consequências ou chances de sucesso.
7. "Itamaraty agradece apoio internacional contra ataques terroristas." *Correio Braziliense*, 9 jan. 2023.

| PELO ANDAR DA CARRUAGEM, AS FORÇAS ARMADAS SE TORNARÁ A POLÍCIA REVOLUCIONARIA DO COMUNISMO QUE SE INSTALA NO BRASIL. | VIVI PRA VER UM MINISTRO NUMA CANETADA ORDENAR AS FFAA A RETIRAR O POVO PATRIOTA DA FRENTE DOS QUARTEIS. SE RENDERAM. | Atualmente no Brasil GSI- POR HELENO E FFAA,TODOS SE CURVARAM PARA ESSE REGIME COMUNISTA QUE NOS GOVERNA HOJE NESSE BRASIL |

Posts em grupo bolsonarista na plataforma Facebook, datadas de 10 jan. 2023

Nos dias seguintes, os grupos bolsonaristas nas redes foram inundados por publicações desiludidas, duvidando das Forças Armadas e do ex-ministro General Augusto Heleno, porém poupando Bolsonaro — sua traição como líder que incitou à ação, mas desapareceu na hora H, não é comentada. As postagens, como as que apresentamos, lamentam os caminhos que o país terá com Lula na presidência e ironizam as Forças Armadas como a "polícia revolucionária do comunismo que se instala no Brasil".

O jogo de espelhos torna-se agora um caleidoscópio em movimento, um "jogo dos espelhos loucos", na expressão de Pablo Stefanoni ao tratar da emergência amalucada da direita rebelde e como ela canalizou a indignação antissistema (2022: 17). Ao mesmo tempo, aqueles personagens (ou perfis) que foram às ruas, como em 2013, ganharam capacidade de organização, agitação, ação direta e combate. Acamparam por meses, fecharam rodovias e depois foram ao confronto com a ordem, no ataque aos Três Poderes. Criaram novas redes de solidariedade e camaradagem nos acampamentos e na cadeia. Atuaram juntos para um objetivo concreto e, mesmo

A vanguarda revolucionária do atraso em *selfies*

falhando (ou abandonados pelos supostos aliados), tornaram-se uma força de mobilização que pode vir a atuar novamente, como grupo civil de combate ou uma proto-milícia neofascista.

Serão eles a nova "vanguarda do atraso", parafraseando livremente Chico de Oliveira (1998), agora "revolucionária", ligada a pequenas máfias, milícias, igrejas e ao agronegócio, vanguarda grotesca (ou "vanguardeiros do cu", segundo Testoni) de uma sociedade em decomposição? Enquanto a extrema-direita assume a iniciativa e o protagonismo político, o Brasil se desindustrializa há décadas, tornando-se uma economia cada vez mais dependente e regressiva — uma fazenda exportadora de *commodities*, predação ambiental e valorização financeira. Nossa economia não agrega quase nenhum valor às cadeias produtivas mundiais e não emprega mais; com mobilidade social descendente, multidões de pobres concentram-se em megacidades ingovernáveis e sem alternativas no sistema atual. Uma sociedade, enfim, produtora de medo e violência cujos membros nunca viveram situações tão desiguais e interesses tão conflitantes.

Dessa condição regressiva, mas articulada e dependente do capitalismo global, brota essa "vanguarda do atraso" da nova/velha direita. Uma vanguarda que contém em si forças tanto insurgentes, libertárias e antissistema quanto reacionárias, antimodernas e fundamentalistas. Dessa contradição entre tradicionalismo atávico e neomodernidade tecnodestrutiva surgem o vigor, a ousadia e o impulso para a ação em tempos de barbárie, compelidos pela percepção aguda e profunda da crise, pautados por ameaças e teorias da conspiração ou do apocalipse iminente. Desse transe e medo-delírio nasce a força para a ação e o combate.

Voltamos ao ponto de partida: por que a direita (ou a direita radical) se tornou audaz e rebelde enquanto a esquerda está presa ao realismo político e à gestão comportada do sistema? Mais do que ver os ativistas do 8 de janeiro como um submundo pitoresco, é preciso reconhecer na direita radical a capacidade de atuar em favor de suas visões (mesmo que persecutórias e apocalípticas), o que tem faltado abertamente à esquerda cooptada por acordos institucionais e com frações do capital. A esquerda radical-insurgente foi esmagada e isolada pela própria esquerda da ordem, pela mídia e pelas forças conservadoras. É necessário reconhecer neste jogo de inversões a transferência de impulsos políticos, rebeldes e estéticos da esquerda para a direita. Na formulação do crítico de arte Hal Foster: "O que deve fazer a esquerda quando a direita se apropria de suas estratégias?" (2020: 48). Ou segundo Ricardo Dudda: "hoje a direita é punk e a esquerda é puritana" (apud Stefanoni 2022: 53).

A direita radical luta na batalha das ideias (ou guerra cultural) e em praça pública sem receios e recuos. De outro lado, por um giro, mesmo que o combate em Brasília tenha sido antidemocrático e suicidário (a sua fração extremista empurrada para ser, ao fim, queimada), a reação da ordem foi exemplar e veio pela esquerda. Prisões em massa, julgamentos expressos. Quem tentará novo levante? Três meses depois do 8 de janeiro, o MST ousou realizar 33 ocupações de terra (como parte das jornadas de luta do Abril Vermelho). Imediatamente o governo Lula entrou em ação para desmobilizá-

-los,[8] parte da esquerda passou a criticá-los como inoportunos e, claro, direita e agronegócio rapidamente criam CPI para criminalizá-los. A mídia explorou especialmente a ocupação-denúncia de uma fazenda de produção e pesquisa da Embrapa no Nordeste,[9] tratando o ato como "terror", "violência como método" e até "negacionismo científico".[10] Os papéis voltariam a seus lugares? A direita aproveita para se recompor diante do espelho da ordem e redirecionar a pecha de baderneiros e invasores à esquerda. O governo por sua vez se esforça para pôr panos quentes e evitar novas ocupações ("não precisa mais invadir terra", disse Lula)[11] e anuncia um Plano Safra recorde para o agronegócio, um novo regime fiscal e tributário de interesse do mercado etc.

Será que, depois de janeiro, "a paz será total", parafraseando Paulo Arantes (2014) em seu ensaio sobre pacificação e insurgência em junho de 2013? Entramos no império da lei e da ordem, do combate ao terrorismo (sic), e o campo progressista exige "punição exemplar",[12] enquanto gerencia a pacificação social, a normalização capitalista e colabora para ampliar os ganhos rentistas, do agronegócio, da Fiesp, da Faria Lima e da fisiologia política. Estes seguem erguendo novos

---

8. O ministro Padilha afirma que "condena veementemente" e "Lula se irrita com MST e teme desgaste". Em "Lula se irrita com MST e teme desgaste; governo avalia que invasões atrasam reforma agrária". *Folha de S.Paulo*, 20 abr. 2023.
9. O MST justificou a ação: "A ocupação é uma forma de sinalizar que a Embrapa deveria estar desenvolvendo projetos de pesquisa para a Agricultura Familiar e Camponesa, [não só] para o agronegócio [...] é a agricultura familiar quem coloca a comida na mesa dos trabalhadores, e mesmo assim fica esquecida no parâmetro de pesquisa". Em *Brasil de Fato*, 18 abr. 2023.
10. Expressões do editorial de *O Estado de São Paulo* que circularam em outros veículos. "Invasões premiadas." 24 abr. 2023.
11. Em entrevista na TVPT, reproduzida em "Lula diz que *não precisa mais invadir terra* e prega reforma agrária *tranquila e pacífica*". Disponível no YouTube. Consulta em 7 nov. 2023.
12. Comentamos no Epílogo a este ensaio os primeiros julgamentos, acusações e defesas, condenações e penas dadas pelo STF aos indivíduos que atacaram as sedes dos Poderes em 8 de janeiro.

prédios espelhados e empilhando vitórias — entre elas, a de colocar as forças progressistas na posição de conservadoras, resignadas a gerir o *status quo*. Os vitoriosos do 8 de janeiro, ao final, não foram o governo Lula, as forças populares ou a nossa precária e limitada democracia, mas os donos do poder e do dinheiro, que mais uma vez impõem sua agenda sem oposição, chantageiam[13] e transferem à esquerda o custo de manter tudo como está.

Aqui encerramos o exercício brechtiano de estranhamento. Exigir julgamento e punição exemplar dos golpistas é apenas uma resposta parcial ao problema, já dada pelas forças da ordem (Polícia Federal, Ministério Público, tribunais, sistema penitenciário etc.). Talvez o 8 de janeiro permita indagar, neste jogo de espelhos e inversões brechtianas, se o grande problema hoje não está na própria situação da esquerda. Brecht empregou o efeito de estranhamento para desafiar os trabalhadores a verem o mundo sob uma nova perspectiva. Seu objetivo era provocar reflexão crítica para elevar a consciência política e, potencialmente, inspirar ações que contribuíssem para a revolução. O 8 de janeiro permitiria à esquerda, ao sair deste "espetáculo" de teatro épico, olhar-se novamente no espelho e perguntar-se por que parte da sua imagem esvaneceu, no limite do desaparecimento: a da capacidade de imaginar, se insurgir e lutar por outros mundos, para além do capital?

Em uma sociedade tão desigual, intolerante, violenta e racista como a brasileira, manter o horizonte emancipatório exige não abdicarmos da capacidade da indignação e da revolta — e da disposição à rebelião, ao levante, à insurgência ou o nome que queiramos dar para a capacidade de corpos

---

13. A impressionante sequência de editoriais e manchetes da *Folha de S.Paulo*, logo após o 8 de janeiro, exigindo políticas neoliberais ortodoxas, corte brutal de gastos públicos, autonomia do Banco Central e manutenção de seus juros abusivos, alinhamento incondicional aos EUA etc. é um exemplo de como as elites mobilizam a grande mídia descaradamente para pressionar o governo a atender seus interesses.

e multidões se levantarem contra a opressão e a miséria. A direita radical, mesmo amalucada, mobiliza mentes e corações e age de forma ousada para transformar a história a seu favor, mantendo, é claro, a ordem desigual. Nós, de outro lado, vendo nossas práticas de luta e agitação sequestradas, não nos reconhecemos mais nelas e recuamos. A ponto de assimilarmos as "regras do jogo" e passarmos a defendê-las, quando nos levam ao abismo. Que mundo estranho é esse em que os reacionários são combativos e lutam por seus ideais e os progressistas, na retaguarda, estão cada vez mais conformistas e passivos? Diante da iminência do "fim do mundo" – não o do apocalipse cristão, mas o apontado pela ciência e pelos povos indígenas –, o que faremos? Perdemos a capacidade de imaginar futuros pós-capitalistas e antiapocalípticos? Seguiremos a reboque da história assassina do capitalismo global sem construir alternativas de fato? É preciso sair das cordas (e da retranca), retomar a imaginação coletiva, a crítica radical e a tradição rebelde das esquerdas para alterar o curso da história.

BIBLIOGRAFIA

AB'SÁBER, Tales. *Dilma Rousseff e o ódio político*. São Paulo: Hedra, 2015.

ARANTES, Paulo. *Esquerda e direita no espelho das ONGs*. São Paulo: Sentimento da Dialética, 2000 (ebook). Disponível online.

_____. *Depois de junho a paz será total*. São Paulo: Sentimento da Dialética, 2014 (ebook). Disponível online.

ARANTES, Pedro; OKUMA, André e EUGÊNIO JR., Amauri (orgs.). *Guerras culturais na ascensão (e queda?) do bolsonarismo*. São Paulo: Inverso, 2024.

BORNHEIM, Gerd. *Brecht: a estética do teatro*. São Paulo: Paz e Terra, 2008.

CARVALHO, Olavo. *A nova era e a revolução cultural*. Campinas: Vide Editorial, 4ª. ed., 2014.

DIDI-HUBERMAN, Georges. *Levantes*. São Paulo: SESC, 2017.

EMPOLI, Giuliano da. *Os engenheiros do caos: como as fake news, as teorias da conspiração e os algoritmos estão sendo utilizados para disseminar ódio, medo e influenciar*. São Paulo: Vestígio, 2019.

FERNANDES, Florestan. *As mudanças sociais no Brasil*. São Paulo: Difusão Europeia do Livro, 1974.

FERRO, Sérgio. *Arquitetura e trabalho livre*. São Paulo: Cosac&Naify, 2006.

FOSTER, Hal. *O que vem depois da farsa?: Arte e crítica em tempos de debacle*. São Paulo: Editora Ubu, 2020.

FREUD, Sigmund. *Psicologia das massas e análises do eu*. São Paulo: Cia. das Letras, 2011.

LEIRNER, Piero. *O Brasil no espectro de uma guerra híbrida: militares, operações psicológicas e política em uma perspectiva etnográfica*. São Paulo: Alameda, 2020.

LEVITSKY, Steven e ZIBLATT, Daniel. *Como as democracias morrem*. Rio de Janeiro: Zahar, 2018.

LÖWY, Michael (org.). *Révolutions*. Paris: Hazan, 2000.

NUNES, Rodrigo. *Do transe à vertigem. Ensaios sobre o Bolsonarismo e um mundo em transição*. São Paulo: Ubu, 2022.

OLIVEIRA, Francisco de. *Direitos do antivalor: a economia política da hegemonia imperfeita*. Petrópolis: Vozes, 1998.

PARUCKER, Paulo Eduardo. *Praças em pé de guerra: o movimento político dos subalternos militares no Brasil (1961–64) e a Revolta dos Sargentos de Brasília*. São Paulo: Expressão popular, 2009.

RANCIÈRE, Jacques. *O espectador emancipado*. São Paulo: Martins Fontes, 2012.

SONTAG, Susan. *Sobre fotografia*. São Paulo: Cia. das Letras, 2004.

SPYER, Juliano. *O Povo de Deus: quem são os evangélicos e por que eles importam*. São Paulo: Geração, 2020.

STEFANONI, Pablo. *A rebeldia tornou-se de direita?* Campinas: Editora Unicamp, 2022.

TEITELBAUM, Benjamin. *Guerra pela eternidade: o retorno do tradicionalismo e a ascensão da direita populista*. Campinas: Editora UNICAMP, 2020.

ZIZEK, Slavoj. *Visão em paralaxe*. São Paulo: Boitempo, 2008.

Epílogo
A condenação dos manés... e dos malandros?

O Plenário do Supremo Tribunal Federal (STF) iniciou no dia 13 de setembro de 2023 o julgamento dos réus do 8 de janeiro. São ações penais abertas pelo Ministério Público Federal (MPF), com denúncias oferecidas pela Procuradoria-Geral da República (PGR) e com relatoria do ministro Alexandre de Moraes. Quase mil manifestantes foram denunciados e viraram réus. Em dois meses, 25 pessoas foram condenadas a penas de 13 a 17 anos de prisão em regime inicial fechado; as mais severas com até 15 anos de reclusão. Foram acusados pelos crimes de abolição do Estado Democrático de Direito; dano qualificado; golpe de Estado; deterioração de patrimônio tombado; e associação criminosa. Completado um ano do 8 de janeiro, nenhum militar, parlamentar ou integrante do alto escalão do governo Bolsonaro foi levado a julgamento pela intentona em Brasília, apenas os manés.

Passaremos pelos argumentos das acusações e do relator Alexandre de Moraes, conheceremos três dos condenados e suas sentenças, acompanharemos o depoimento do General Heleno à CPMI dos atos golpistas e avaliaremos a conclusão do relatório da comissão, que aponta Bolsonaro como principal mentor. Nesse percurso, problematizaremos como a Ordem, e em especial o STF, está conduzindo os julgamentos e o padrão de punitivismo, sobretudo para os manés, e como estamos assimilando uma nova régua de controle das multidões. Como juízes, generais e o ex-presidente, além dos condenados e dos que aguardam julgamento, estão dispostos e se movimentando no tabuleiro do 8 de janeiro? Como tudo se deu até o momento[1] e quais as possíveis consequências, não apenas para os extremistas sentenciados a quase vinte anos de cadeia, mas para a esquerda e para a sociedade como um todo?

Por fim, um comentário brevíssimo sobre a operação da Polícia Federal Tempus Veritatis (hora da verdade, em latim), deflagrada em 8 de fevereiro de 2024, quando este livro já estava a caminho da gráfica. A operação, que envolveu prisões e mandados de busca e apreensão, teve 22 investigados como mentores intelectuais e articuladores de tentativas de influenciar ilegalmente o resultado das eleições e de tramar um golpe de Estado, incluindo o ex-presidente Bolsonaro e 16 militares de alta patente (entre eles quatro generais e um almirante). A ação, nessa escala e com tal repercussão, é fato inédito e mesmo surpreendente, por isso consideramos que merecia um pós-escrito ao próprio epílogo. A justiça, afinal, estaria sendo feita para apanhar os tubarões e não só os bagres do 8 de janeiro? As Forças Armadas seriam finalmente devolvidas à caserna para não mais intervir na vida civil e nos destinos da República? A situação não é tão simples assim.

CRIME E CASTIGO MULTITUDINÁRIO

Depois do amplo uso da denominação *terroristas* e *ato terrorista* para o 8 de janeiro e seus perpetradores, mídia, governo, militantes de esquerda, quase todos recuaram no uso impróprio do termo e da lei.[2] A Lei Antiterrorismo brasileira (Lei 13.260/2016) não permite classificar os ataques de 8 de janeiro como terroristas, por não atenderem a um dos requisitos para essa tipificação: a prática de atos de xenofobia, discrimi-

---

[1]. Escrevemos esse epílogo em novembro de 2023, completado por um pós-escrito no calor dos fatos, em fevereiro de 2024.

[2]. Alexandre de Moraes, por exemplo, em três inquéritos abertos em 12 de janeiro de 2023 (4917, 4918 e 4919), sustentou a tese de terrorismo e sua tipificação de crime (citando os artigos 2º, 3º, 5º, e 6º da Lei 13.260/16). Contudo, recuou dessa definição nos inquéritos seguintes sobre os "executores materiais", como veremos.

nação ou preconceito de raça, cor, etnia e religião. Contudo, um senador tucano entrou com uma emenda para alterar a lei (PL 83/2023) e prever "*motivação política* como elemento subjetivo do terrorismo".[3] É evidente que os representantes da Ordem estão dispostos a aproveitar o 8 de janeiro para ampliar a capacidade estatal em vigiar e punir todas as formas de insurgência e levantes, de qualquer espectro político. Para eles, depois de janeiro, a paz deverá ser total, como vimos na veemente repreensão ao MST em ocupações de terras alguns meses depois.

Recuando dessa linha acusatória, a procuradoria e o relator seguiram por outra argumentação nas ações penais, igualmente polêmica. A base argumentativa para a rápida condenação em massa dos réus é a de "crime multitudinário". O crime de multidão, contudo, não é um termo técnico formalmente reconhecido na legislação brasileira (ou mesmo internacional). O Código Penal não define explicitamente crime multitudinário, pois, no sistema jurídico brasileiro, a individualização das penas é um princípio constitucional (artigo 5º, XLVI). Isso significa que a pena deve ser adequada não só ao crime, mas também à culpabilidade do indivíduo. Cada participante deve ser julgado por sua ação específica e contribuição para o ato. Ou seja, a aplicação de leis em casos que envolvem múltiplos perpetradores deve ser guiada pelo princípio da individualização da conduta e da responsabilidade penal, por mais que isso dê trabalho aos investigadores e acusadores – que têm o ônus da prova.

Para fundamentar a tese de "crime multitudinário", a procuradoria e o relator utilizaram a argumentação do psicólogo social francês do século XIX Gustave Le Bon. Assustado com a Comuna de Paris (1871) e com os nascentes movimentos e levantes anarquistas e comunistas, ele desenvolveu em sua obra *Psicologia das multidões*, publicada em 1895, uma pers-

---

[3]. "Projeto amplia lei sobre terrorismo para incluir atos antidemocráticos." *Agência Senado*, 17 fev. 2023.

pectiva hobbesiana e pessimista da multidão como inerentemente irracional e emocional, manifestação de barbárie diante do Estado esclarecido. Hitler, inclusive, adotou e adaptou várias teorias de Le Bon para formular sua própria abordagem das formas de controle e manipulação das massas. Freud, por sua vez, também partiu da obra de Le Bon para reconhecer a ascensão do fascismo e propor sua teoria da horda e psicologia de massas. O debate sobre multidões se renovou no século XXI, em especial com as obras de Antonio Negri, Michael Hardt e Ernesto Laclau. As multidões passaram a ser consideradas também como força potencialmente emancipadora, capaz de desafiar o poder estabelecido e criar formas novas de democracia.

Descartando uma leitura mais aberta e atual das multidões, as ações penais seguiram amparadas pela formulação condenatória de Le Bon, isto é, de que multidão e crime mantêm fortes afinidades eletivas. O professor de direito Antonio Pinheiro Jr., em artigo que compara Negri, Laclau e Le Bon, considera que a teoria deste último ainda seria útil ao menos para "compreender fenômenos políticos contemporâneos como o neofascismo".[4] Diante do 8 de janeiro, sem dúvida é uma leitura plausível, mas claramente direcionada e antecipando a condenação coletiva. Nas ações penais, Le Bon é citado para definir os crimes das multidões como resultado de uma "poderosa sugestão", pois os indivíduos que nelas tomam parte "ficam depois persuadidos de que obedeceram a um dever, o que não acontece de modo nenhum com o vulgar criminoso". E segue: "os caracteres gerais das multidões chamadas criminosas são exatamente os mesmos que observamos em todas as multidões: sugestionabilidade, credulidade, versatilidade, exagero de sentimentos bons ou maus, manifestação de certas formas de moralidade etc."[5]

4. Ver Filho, A. J. P. "Notas sobre a crítica de Ernesto Laclau a Antonio Negri e a psicologia das multidões de Gustave Le Bon". *Prometheus – Journal of Philosophy*, 11(30), 2019.
5. Trecho citado em todas as ações penais apresentadas por Alexandre de Moraes.

Retornando à legislação brasileira, se o crime de multidão não é tipificado, ele é citado no Código Penal como possível atenuante. Para a maioria dos participantes envolvidos em circunstâncias como essa, com exceção de seus líderes e incitadores, evidentemente, o efeito multitudinário para o participante da horda seria um atenuante e não agravante. Conforme o artigo 65, inciso III, alínea *e*, do Código Penal, é circunstância atenuadora do crime ter sido cometido sob a influência de multidão em tumulto, desde que não tenha sido provocado pelo próprio condenado, ou seja, que o réu não tenha sido o mentor ou incitador.[6]

Contudo, o voto do relator Alexandre de Moraes recorrentemente nega qualquer atenuante aos réus, imputando penas majoradas, além das básicas. Ademais, o uso da "teoria da multidão" na argumentação da acusação claramente limita a individualização mais rigorosa das provas. As denúncias apresentadas tendem a generalizações pouco criteriosas, atribuindo a todos os réus um papel de compreensão e liderança uniforme, sem distinções individuais claras. Existem, evidentemente, dificuldades em individualizar crimes num contexto de multidão em rebelião, mas as instruções processuais e ações penais são claramente limitadas (senão relapsas) na coleta de provas, seja por falta de equipe técnica especializada ou por as condenações estarem previamente deliberadas.

A substância das evidências materiais é muitas vezes insuficiente para o tamanho da condenação, confiando principalmente em indícios como imagens e mensagens dos celulares dos próprios réus. Observa-se uma lacuna significativa no uso de provas complementares robustas nas ações penais. Faltam elementos como imagens de circuitos internos dos locais atacados, registros visuais de terceiros (diversos fotógrafos estavam presentes), depoimentos de testemunhas oculares (incluindo policiais que intervieram), bem como da-

---

6. Ver Fernando Galvão em *Direito Penal: Parte Geral*. Belo Horizonte: D'Plácido, 2017, p. 883, 9ª ed.

dos de rastreamento de celulares (que mapeiam o percurso dos réus no dia dos eventos e anteriormente). Em acusações de organizações ou "associações criminosas", como é o caso, a análise financeira, como a quebra de sigilo bancário, poderia ser crucial para revelar relações pecuniárias entre os acusados, fornecendo indícios de uma possível estrutura de financiamento. Esta abordagem mais abrangente e detalhada seria essencial para garantir a precisão e a justiça no processo penal.

A individualização da conduta baseada na autoincriminação dos réus com suas postagens ou mensagens para amigos e familiares nos parece prova limitada, muitas vezes mero indício, afinal é impossível tirar um *selfie* e quebrar tudo ao mesmo tempo. Dos condenados que analisamos a seguir, nenhum tem imagens contundentes de depredação nem provas de que convocaram e coordenaram a ação. A excitação dos manés ao se verem participando de um "ato histórico" da possível "tomada de poder", associada ao frenesi de mensagens e postagens dos extremistas em suas bolhas de alheamento, tornou-se a própria armadilha para eles mesmos. A vontade de noticiar o que faziam deu a corda para se enforcarem. Os manés ou bagrinhos foram assim pegos pela justiça como na pesca de arrasto, enquanto os tubarões mentores, noutras águas, seguem nadando soltos.

Todos os denunciados até o momento o foram na condição de "executores materiais", nenhum deles como "autor intelectual" (isto é, mandante). Mesmo assim, diversos deles foram sentenciados a penas altíssimas, de 17 anos de prisão — o homicídio qualificado, por exemplo, tem pena básica de 12 anos, e o estupro de vulnerável, 10 anos. Moraes argumenta em quase todas as ações penais que "justifica-se o estabelecimento de pena acima do mínimo legal" no somatório dos crimes e "nenhum atenuante". Além da não aplicação da atenuante para os crimes cometidos por não líderes (meros executantes) em meio à multidão, prevista no Código Penal, há outro questionamento importante na forma como o STF está procedendo a somatória dos crimes e calculando penas. O relator não reconhece a "consunção", isto é, quando um crime é etapa necessária de outro mais grave. O agente infrator deveria ser punido apenas pelo crime mais grave, pois se entende que o crime menor está incluído nele. Assim, a abolição violenta do Estado Democrático de Direito estaria embutida em golpe de Estado e dano qualificado estaria incluído em deterioração do patrimônio tombado. Ao separar os crimes passíveis de consunção no cálculo das penas, a soma se torna maior do que a devida.

Além disso, dado o teor probatório frágil na individualização das condutas do ponto de vista penal, o fato de o STF ter concentrado a jurisdição, sem primeira instância, cria uma exceção prejudicial ao devido processo legal, à ampla defesa e mesmo à coleta mais completa e criteriosa de provas. Com isso, fica fortemente limitado o direito ao recurso (a não ser como embargo infringente), a análise por outros juízes (o princípio do duplo grau de jurisdição) e a discussão sobre as evidências, a confrontação dos argumentos das partes, ainda mais em sessões virtuais em que o defensor não dialoga com o juiz. Também pode-se apontar a limitada capacidade do STF para processar casos penais dessa monta, como origem de instrução probatória − afinal, o STF é sobretudo uma corte constitucional.

A justificativa dada para essa medida de exceção é a de que orbitam, em torno do inquérito do 8 de janeiro, deputados e senadores com foro privilegiado citados noutros inquéritos e que poderão ser indiciados como "autores intelectuais". Esta é a justificativa para que os julgamentos dos manés ocorram também no STF. São listados nas ações penais em outros inquéritos vinculados ao 8 de janeiro os deputados federais André Fernandes (PL-CE), Sílvia Waiãpi (PL-AP), Coronel Fernanda (PL-MT), Cabo Gilberto Silva (PL-PB) e Clarissa Tércio (PP-PE); e no inquérito das "fake news", com possível relação direta com o 8 de janeiro, o senador Flávio Bolsonaro (PL-RJ) e os deputados federais Cabo Júnio do Amaral (PL-MG), Carla

Zambelli (PL-SP), Bia Kicis (PL-DF), Eduardo Bolsonaro (PL-SP), Filipe Barros (PL-PR), Luiz Phillipe Orleans e Bragança (PL-SP), Eliéser Girão (PL-RN), Otoni de Paula (MDB-RJ), Guiga Peixoto (PSC-SP). A quase totalidade do partido de Bolsonaro (PL), e todos da base extremista. Mesmo assim, até o momento nenhum político com foro foi levado a julgamento, fragilizando a sustentação de que o STF é quem deve julgar os executantes.

ALGUNS DOS MANÉS CONDENADOS

O primeiro condenado, a uma pena de 17 anos com reclusão de 15 e multa, tem um nome "predestinado", na expressão do humorista José Simão: Aécio Lúcio Costa. Aécio Neves foi quem iniciou a desestabilização da democracia no Brasil, questionando a vitória de Dilma em 2014, ao falar em fraude eleitoral. O tucano inspirou a narrativa golpista de ataque às urnas, amplamente usada pelo bolsonarismo, além de ter colaborado para inviabilizar o segundo mandato da presidente, o que resultou no seu impeachment — o PT, já que não derrotado no voto, deveria ser retirado por uma manobra jurídico-parlamentar-midiática. Lúcio Costa, por sua vez, foi o urbanista de Brasília que projetou a Praça dos Três Poderes, onde estão os edifícios atacados pela turba. Lúcio Costa também fundou o IPHAN e a política de patrimônio histórico no Brasil, que foi mobilizada para o restauro dos palácios depredados.

Aécio Lúcio Costa Pereira era funcionário da Sabesp. Segundo reportagem de Fábio Victor, era um funcionário exemplar e querido no ambiente profissional, de acordo com relatos de colegas que trabalharam diretamente na companhia de saneamento do estado de São Paulo. Segundo o jornalista, "um mergulho profundo num mundo conspiratório o levou à atual desgraça, avaliam esses mesmos companheiros." Nos depoimentos por ele coletados, Aécio:

Era uma coisa na política, um terraplanista-raiz, mas no trabalho era um cara excelente, prestativo, honesto, resolvedor de problemas. De zero a dez, era dez. Só que ele foi se radicalizando gradativamente nos últimos quatro anos. Uma vez estávamos no carro, ele estava dirigindo e tentando me convencer de que a Terra era plana, a sério. Ficou tão exaltado por eu ter contestado que bateu o carro. Outra vez, me mandou uma mensagem de madrugada dizendo que Hillary Clinton era um holograma. Acreditava na tese dos reptilianos [alienígenas que se apossam de humanos e assumem suas formas]. Estava vivendo num mundo de teses conspiratórias.[7]

São inúmeros os extremistas da direita, ou levados a essa condição, que ingressaram nesse universo delirante e desconectado da realidade. Aécio foi induzido a um processo de radicalização e à adoção de crenças conspiratórias extremas, contrastando com uma aparente competência e integridade no ambiente de trabalho. A gradual radicalização ao longo de quatro anos indica uma mudança significativa no seu sistema de pensamento e crenças, influenciado pela exposição a grupos ou mídias que promovem teorias conspiratórias e visões extremistas.[8] A adesão a essas narrativas muitas vezes produz ou alimenta uma desconfiança em fontes de informação tradicionais e um afastamento da realidade objetiva. Dirigir exaltado e bater o carro, e enviar mensagens de madrugada

---

7. "Primeiro condenado no 8 de janeiro surpreendeu colegas com radicalização e terraplanismo." *Folha de S.Paulo*, 20 set. 2023.
8. A Jovem Pan cumpriu papel decisivo como veículo de grande mídia propagador ou recirculador de conteúdos extremistas e de desinformação. A CPMI do 8 de janeiro, contudo, passou ao largo da empresa de comunicação e suas responsabilidades numa concessão pública de radiodifusão regulada pela CF (artigos 221 a 223). O MPF-SP, percebendo essa lacuna nas investigações, abriu inquérito e ação civil pública contra a Jovem Pan, caracterizando-a como influenciadora e propagadora de conteúdos incitatórios "à violência e à ruptura do regime democrático". Com amplo conteúdo probatório da recorrente narrativa golpista da empresa de comunicação, o MPF solicitou à Justiça Federal que cancele as outorgas de radiodifusão da Jovem Pan, imponha uma multa de 13 milhões de reais por danos morais coletivos causados e obrigue a emissora a veicular conteúdos oficiais sobre o sistema eleitoral, a título de direito de resposta à sociedade, que foi prejudicada.

sobre teorias conspiratórias são atitudes que sugerem um alto nível de emocionalidade e impulsividade, especialmente quando as crenças são contestadas. Por fim e por isso mesmo, ele pode ser facilmente manipulado e influenciado, ainda mais em contextos de multidões.

Seu advogado não escolheu essa linha de defesa, ao contrário, foi para o ataque, como parte da facção extremista, agora de toga. Iniciou a sustentação atacando os ministros STF: "vocês são as pessoas mais odiadas do país".[9] Defendeu ainda os policiais presos por omissão no 8 de janeiro, bateu boca com os juízes, inviabilizando qualquer estratégia de defesa, mas permitindo que de pronto se tornasse ídolo da massa bolsonarista. Sequer propôs chamar como testemunhas de defesa os colegas de Aécio na Sabesp, para comprovar a tese de que o seu cliente tinha sofrido um processo de manipulação psicológica e radicalização nos anos anteriores.

Essa foi, aliás, a linha de defesa de outra advogada ao argumentar a favor de seu cliente, Matheus Lázaro, o terceiro condenado no STF, um jovem negro de 23 anos, entregador, evangélico, com esposa grávida do primeiro filho. A advogada, mesmo novata, percebeu que Matheus poderia ter a pena atenuada ao propor que ele fora vítima de "lavagem cerebral". Segundo ela, na sustentação da defesa, "pessoas colocaram na cabeça dele que se o Brasil se tornasse uma Venezuela, isso tudo aqui ia acabar, fizeram uma lavagem cerebral na cabeça desse menino, olha a quantidade de bobagem que ele fala, ele não sabe nem o que é intervenção militar. Na cabeça dele, isso seria bom para o país. Para ele, a intenção da intervenção militar era a proteção do Exército, para que o país não virasse uma Venezuela".[10]

---

9. "Advogado de golpista usa tempo de defesa para atacar ministros: 'São as pessoas mais odiadas do país' ". *Jornal do Brasil*, 13 set. 2023.
10. Fala disponível no YouTube, sob o título "Advogada de preso do 8 de janeiro faz contundente discurso frente a frente com Moraes e denuncia...", no canal *Folha Política*.

Essa linha de argumentação, se bem sustentada, permitiria produzir atenuantes para a redução da pena, não no sentido da inimputabilidade por doença mental (como no caso de Adélio Bispo, autor da facada em Bolsonaro em 2018), mas por caracterizar a falta de plena consciência para perceber a gravidade e consequência do ato e o modo como os manés foram arrastados pelo efeito de multidão. Ou seja, Matheus (como Aécio e muitos outros) teria sido induzido por um sistema de crenças extremistas ao delírio conspiratório típico de seita política e fundamentalismo religioso. Daí que não agiu de livre e espontânea vontade e em perfeita consciência. Logo, o efeito de participar da multidão, submetido à carga emocional da horda, indicaria a possível atenuante e não o contrário.

Na ação penal de Matheus não há nenhuma evidência de sua atuação como vândalo no quebra-quebra. Preso em flagrante na dispersão do ato, perto do palácio do Buriti, ou seja, já longe da Praça dos Três Poderes, portava um canivete numa necessaire na mochila. No depoimento à polícia, declarou que não quebrou nada, apenas teria subido a rampa do Congresso e "ficou ao lado do 'prato' lá existente" [o 'prato' é a cúpula invertida da Câmara dos Deputados]. Ele mandava *selfies* e vídeos para a esposa grávida que tinha ficado em casa, além de mensagens como "tomaram o poder", o lema é "quebrar tudo" e "deixar de ser pacífico". Nenhuma das *selfies* demonstrou diretamente que ele tenha de fato quebrado tudo, não há imagens de circuito interno, nem de celulares de terceiros, nem testemunhas de acusação. O rapaz foi pego pelas frágeis provas que produziu contra si e condenado a 17 anos de prisão. Não verá o filho crescer.

Aguardando a sentença, ele escreveu uma carta para a esposa, familiares e amigos, que assim termina: "Convido todos vocês para orar pelo nosso Brasil, orar para eles não liberar as drogas e o aborto, nós temos que orar. Vamos chamar a Deus que vai dar tudo certo em nome de Jesus!! Fica todos com Deus. Preciso que vocês me ajuda em oração. Pastores, todos estamos em uma luta (espiritual). Vamos orar!!!!!!"[11]

Outra condenada a 17 anos foi uma professora aposentada, de 60 anos. Cibele da Piedade Mateos disse que deixou São Paulo em um ônibus gratuito, no dia 7 de janeiro, em direção ao acampamento em frente ao QG do Exército no Distrito Federal. Declarou que foi a Brasília para "zelar pela família": "sou contra liberação drogas, não acho isso bom pra família. O aborto também. Sou contra o banheiro único para as crianças".[12] Ela contou nos autos que foi à Praça dos Três Poderes com o "objetivo de ocupar os prédios, sentar e esperar até vir uma intervenção militar para não deixar o Lula governar". Ela disse que pretendia ficar sentada no gramado, mas decidiu entrar no Planalto para se proteger quando viu a Polícia Militar se aproximar, pois "tinha muita bomba, muito gás". Há fotos dela no interior de prédios, mas sem evidência de ação direta no quebra-quebra.

Na sua ação penal, mais uma vez, as provas são fotos, áudios e mensagens no celular. A acusação reproduz como principal prova a seguinte frase por ela gravada num dos vídeos: "Tudo dominado no Brasil... Estamos aqui, os brasileiros invadiu [sic], tomar o que é nosso... Tomamos, é nosso... é do povo, jamais será do comunismo, jamais será do Lula, jamais será do Xandão, jamais será do sistema. É nosso, do povo, e aqui ficaremos". Ao final, Alexandre de Moraes julga procedente a condenação e apresenta a pena: "Consideradas as penas para cada crime acima fixadas, e a existência de concurso material (CP, art. 69), *fixo a pena final* da ré em 17 (dezessete) anos, sendo 15 (quinze) anos e 6 (seis) meses de reclusão e 1 (um) ano e 6 (seis) meses de detenção e 100 (cem) dias-multa, cada dia multa no valor de 1/3 (um terço) do salário mínimo".

---

11. "Paranaense preso em Brasília escreve carta: 'Sou inocente'." GMC online, 16 out. 2023.
12. "Moraes vota para condenar mais 8 bolsonaristas a penas de até 17 anos." *Correio Braziliense*, 13 out. 2023.

Vejamos uma comparação com as condenações pela invasão do Capitólio em 6 de janeiro de 2021, evento que, como já vimos, esteve na origem do 8 de janeiro e que foi mais grave em termos penais, com 5 policiais mortos, além de risco real aos parlamentares sitiados no parlamento e demais funcionários acuados no prédio. As penas dos condenados apresentaram uma ampla variação, a grande maioria abaixo de 3 anos e meio de prisão. De mais de 1.100 pessoas formalmente denunciadas, a maior pena foi imposta a Enrique Tarrio, ex-líder do grupo extremista de direita Proud Boys, condenado a 22 anos de prisão. Ele foi considerado o principal organizador do movimento, apesar de não estar presente em Washington no dia da invasão.[13] A justiça americana foi muito mais seletiva e criteriosa nas penas conforme grau de responsabilidade. Além do mentor, os chamados "comandantes de campo" da invasão receberam penas de 7 a 18 anos. E a maioria dos réus recebeu punições menores, de 8 meses a 3 anos e meio, incluindo penas de prisão domiciliar, liberdade condicional, multas ou serviço comunitário.[14] Donald Trump foi formalmente indiciado apenas em agosto de 2023 por instigar a invasão do Capitólio. O promotor especial Jack Smith apresentou quatro acusações contra Trump: conspiração para defraudar os Estados Unidos; conspiração contra direitos; conspiração; e obstrução e tentativa de obstrução de um procedimento oficial.[15] Ainda não ocorreu o julgamento e Trump, mesmo condenado, pode ser eleito e empossado presidente dos EUA em 2024.

Os três casos aqui brevemente relatados (Aécio, Matheus e Cibele), escolhidos pelo perfil (o primeiro a ser condenado, um jovem e uma idosa, todos sentenciados a 17 anos de prisão e réus primários), indicam possíveis recorrências, mas não resumem a diversidade de situações, condições sociais,

---

13. "EUA: extremista é condenado a 22 anos, maior pena por atacar Capitólio." *Metrópoles*, 5 set. 2023.
14. "Penas discrepantes marcam 50 condenações de invasores do Capitólio." CNN *Brasil*, 13 dez. 2021.
15. "Trump é indiciado por instigar invasão do Capitólio." DW, 2 ago. 2023.

econômicas, de informação e consciência entre os réus, nem a diversidade de instruções processuais na caracterização individual dos crimes. Apenas com o avanço no julgamento dos quase mil denunciados será possível construir uma avaliação mais completa e sistemática, inclusive estatística, das recorrências e exceções, das sentenças e penas, além da materialidade das provas e dos perfis de condenados.

Se, de um lado, o STF representando o Partido da Ordem, e em especial Alexandre de Moraes, não estavam dispostos a encontrar entendimentos diversos que não o da "punição exemplar" a "todos os golpistas", de outro, a deficiência (ou oportunismo, dada a visibilidade que ganham) dos advogados contratados pelos manés é notória, o que facilita o trabalho da acusação e o punitivismo da corte. Eles perderam prazos para apresentar documentos e recursos, foram ineptos nas argumentações, choraram em plenário, adotaram questionamentos improdutivos. Um desses advogados trapalhões, Hery Kattwinkel, tornou-se piada nacional, ao confundir no plenário do STF as obras *O Príncipe*, de Nicolau Maquiavel, e *O Pequeno Príncipe*, de Antoine de Saint-Exupéry, e chamar o governador romano Pôncio Pilatos de "Afonso Pilatos".[16]

Além deles, há 11 defensores públicos atuando na defesa dos acusados que não designaram advogados, em geral por falta de renda, como moradores de rua, doentes mentais e ambulantes, como um vendedor de picolés.[17] Podemos esperar da Defensoria uma melhor conduta na defesa dos processos e, quem sabe, indicar excessos e generalizações, questionar a dosimetria das penas, a qualidade das evidências, a possibilidade de medidas educativas etc. Um advogado mais competente tecnicamente, contratado por um dos réus que é empresário, conseguiu demonstrar erro material nas provas (demonstrando que o réu não esteve acampado no

---

16. "Advogado de 2º réu do 8 de janeiro ataca Moraes, que rebate: 'Patético, medíocre'..." *Uol*, 14 set. 2023.
17. "Vendedor de picolés diz à Polícia que recebeu R$ 400 para ir a Brasília para atos antidemocráticos." *O Globo*, 11 jan. 2023.

QG do Exército, ao contrário do afirmado na ação penal), o que fez Alexandre de Moraes retirar o julgamento de pauta para correções. A imputação de acampado lhe daria o agravante de participar, supostamente, da organização prévia aos atos. Mesmo com o reconhecimento da falha e retificação do processo, a pena foi mantida tal qual, e ele foi sentenciado pelos mesmos crimes e a 17 anos como os demais.[18] Nem o mané empresário, com melhor advogado, escapou do rolo compressor condenatório.

«GENERAIS NÃO COMETEM CRIMES»[19]

Militares não erram, não traficam, não torturam. Não mentem e dispensam apuração da verdade. Substituem verdade pela honestidade. Se dizem que não mataram, assunto encerrado. Não há mortos e desaparecidos. [...]

Generais não atentam contra o Estado democrático. Não fabricam desinformação para questionar urnas eleitorais. Fazem revolução, não golpe. Organizam "movimento" para salvar a nação do centrão e do comunismo constitucionalizado. Não tuítam bobagem. Apenas alertam. [...]

Não espionam. Não classificam seus críticos como maus brasileiros que se deve vigiar. Não definem patriota pela estupidez servil e amoral de qualquer cidadão ao poder. [...]

Não ofereceram serviços de camping, alimentação e animação ideológica na fase preparatória de 8 de janeiro de 2023. Nem rota de fuga e proteção de gente querida contra prisão em flagrante pela polícia naquela noite. Muito menos participaram dos atos de maior depredação de prédio público da história brasileira.

Não fossem os generais, não teríamos democracia.[20]

---

18. "Após réu do 8 de janeiro apontar erro, Moraes corrige voto no STF, mas mantém condenação a 17 anos de prisão." *O Globo*, 17 nov. 2023.
19. Citação do título irônico do artigo de Conrado Hubner Mendes publicado na *Folha de S.Paulo*, 25 out. 2023.
20. Conrado Hübner Mendes no artigo citado.

Nos inquéritos sobre os ataques de 8 de janeiro, a Procuradoria-Geral da República denunciou 835 pessoas e o STF julgou 25 (até 15 de novembro de 2023), mas nenhum militar foi citado até o momento. A CPMI do 8 de janeiro negociou a não convocação de generais para depor. O general Braga Netto, ex-ministro e candidato a vice-presidente na chapa de Bolsonaro, chegou a ser convocado, mas o depoimento foi cancelado após um acordo de aliados de Lula com a oposição bolsonarista para blindar das investigações a Força Nacional de Segurança.[21] O único general convocado, ao final, foi o sombrio e falastrão General Heleno, conhecido por ser uma liderança performática da extrema-direita. Esteve na linha de frente dos ataques ao STF, a Lula e ao PT, a movimentos sociais e minorias, e envolvido com minutas e estratégias golpistas. Foi o chefe do Gabinete de Segurança Institucional – um dos ninhos do golpismo – do primeiro ao último dia do governo Bolsonaro, e personagem influente no Planalto, nos bastidores, no ativismo nas redes e no fomento a extremistas (como o grupo "300 do Brasil"), além de circular nos porões das Forças Armadas e incitar a caserna.

Durante a Ditadura Militar no Brasil, Heleno tornou-se ajudante de ordens de Sylvio Frota, alinhando-se com a facção mais conservadora e resistente à democratização, a chamada "linha dura". Durante a redemocratização, ocupou posições significativas, incluindo a chefia da seção de planejamento da Brigada de Infantaria Paraquedista e foi assistente no gabinete do ministro do Exército. Trabalhou no Gabinete Militar durante o governo de Fernando Collor e comandou a Escola Preparatória de Cadetes do Exército. Heleno foi o primeiro comandante militar da Missão das Nações Unidas para a Estabilização no Haiti (MINUSTAH), de 2004 a 2005. Ele liderou uma incursão no bairro de Cité Soleil, em Porto Príncipe, que, segundo relatos, resultou na morte de 60 a 70 civis, incluindo

---

21. "O acordo que levou o governo Lula a abrir mão de Braga Netto na CPI do 8 de janeiro." *O Globo*, 3 out. 2023.

mulheres e crianças. Enquanto o relatório oficial reportava apenas 6 mortes, investigações jornalísticas da Reuters, apoiadas por documentos da ONU e dos EUA divulgados pelo WikiLeaks, falam de um número de vítimas significativamente maior, chegando a classificar o incidente como um "massacre".[22] Heleno também admitiu ter dado ordens de atirar em pessoas que recolhiam corpos durante a missão.[23] A operação e suas consequências levaram ao seu afastamento do comando da MINUSTAH pelo então presidente Luiz Inácio Lula da Silva, a pedido da Comissão Interamericana de Direitos Humanos. Logo após, como Comandante Militar da Amazônia, o general criticou abertamente a política de demarcação de terras indígenas do governo Lula e, como "punição", exerceu cargos burocráticos nas Forças Armadas antes de passar à reserva, quando almejava ser Comandante do Exército. O castigo teria inflamado o antipetismo do general, o seu ódio a Lula, a organizações indígenas e de direitos humanos.[24]

No depoimento à CPMI dos atos golpistas,[25] Heleno deu um show à parte de malandragem, agressividade e cinismo. Negou ter conhecimento de uma reunião em 24 de novembro, onde supostamente Bolsonaro teria buscado apoio das Forças Armadas para um golpe de Estado. Essa reunião teria levado o então Comandante do Exército a ameaçar Bolsonaro com prisão. Heleno contradisse alegações sobre a presença do tenente-coronel Mauro Cid, ex-ajudante de ordens de Bolsonaro acusado de circular minutas golpistas, em reuniões com comandantes das Forças Armadas, apesar de uma foto oficial da Presidência indicar o contrário. Questionado sobre

---

22. "Haitianos pedem indenização da ONU por estupros na época em que general Heleno comandava forças de paz." Revista *Fórum*, 9 out. 2020.
23. "Terra desolada: o que o Brasil deixou para trás no Haiti." Revista *Piauí*, ago. 2019.
24. "Raposa Serra do Sol: A questão de honra do general Augusto Heleno." *Brasil de Fato*, 18 dez. 2018.
25. Resumimos a descrição do depoimento no relatório da CPMI. Disponível na íntegra também em vídeo no YouTube.

sindicância no GSI que apontava a falta de equipamentos para proteção do Palácio do Planalto (no chamado Plano Escudo), Heleno disse que não atendeu às reivindicações porque era "choro de comandante", deixando assim o palácio desprotegido. Sobre o acampamento que ficou três meses defronte ao QG do Exército em Brasília, disse que era "pacífico e ordeiro". Afirmou ainda que o fato de o GSI, sob sua direção, ter recebido, entre novembro de dezembro de 2022, diversas pessoas que vieram a ser presas no 8 de janeiro, incluindo influenciadores digitais e parlamentares, era coincidência e que recebia a todos com "urbanidade e educação".

Heleno considerou que o ataque e a tentativa de invasão à sede da PF em Brasília com um ônibus e carros incendiados para impedir a diplomação de Lula "não teve viés político". Indagado ainda se se reconhecia como "poder moderador" (na interpretação que militares e extremistas fazem do papel das Forças Armadas no artigo 142 da CF), respondeu que "sim" e, em seguida, mudou de ideia e disse que não, irritando-se. Perguntado se participou da reunião entre Bolsonaro e o hacker de Araraquara no Alvorada, respondeu que permaneceria em silêncio, quando não tivera problema em responder a todas as outras perguntas. Negou ter dado orientações aos "300 do Brasil", contrariando entrevista de Sara Winter, à época líder do acampamento em Brasília. Também negou ter apoiado manifestações contra o resultado das eleições após o segundo turno e foi contradito com vídeos apresentados por parlamentares.

Na sessão, o General se desentendeu com a senadora Eliziane Gama, relatora da CPMI, mostrando-se irritado ao negar a existência de fraude nas eleições de 2022 e acusando-a de tentar "adivinhar seus pensamentos". A senadora havia questionado se ele considerava que houve fraude no resultado das eleições de 2022. Heleno respondeu: "Já tem o resultado das eleições, já tem novo presidente da República, não posso dizer que foi fraudado". Eliziane, então, disse que o general havia mudado de ideia. Na sequência, o militar deu início aos xingamentos: "Ela fala as coisas que ela acha que está na minha cabeça. P..., é para ficar p..., né. P... que pariu".

A sessão amalucada da CPMI foi ainda suspensa devido a um tumulto causado pelo deputado federal Abílio Brunini, conhecido por suas interrupções e comportamento agressivo. Ele criou confusão com a deputada federal Duda Salabert e foi expulso da sessão pelo presidente da CPMI, Arthur Maia. Após se recusar a deixar a sessão, os trabalhos tiveram de ser suspensos. Salabert, deputada trans, foi chamada por Heleno de "senhor" e ainda foi ameaçada: "se eu quiser, vou para a Justiça e processo o senhor", disse o militar, "eu boto o senhor na cadeia."

Heleno também deu depoimento a outra Comissão Parlamentar de Inquérito, na Câmara Legislativa do Distrito Federal. Na ocasião, ironizou: "Se eu tivesse sido articulador [dos atos de 8 de janeiro], eu diria aqui. Eu acho que o tratamento que estão dando a essa palavra 'golpe' não é um tratamento adequado. Porque um golpe, para ter realmente sucesso, ele precisa ter um líder principal, alguém que esteja disposto a assumir esse papel de liderar um golpe. Não é uma atitude simples, ainda mais em um país do tamanho e da população do Brasil", disse. No fim da audiência, o general fez uma defesa enfática do golpe militar de 1964, o que provocou mais confusão entre os deputados distritais. Heleno declarou que o "movimento" salvou o país "dos comunistas". Pessoas na plateia reagiram à fala com gritos de "sem anistia" e um parlamentar chegou a virar a cadeira para ficar de costas a Heleno em símbolo de protesto.[26]

Heleno é a melhor expressão do general-malandro. Tergiversa, ironiza, xinga, se faz de desentendido, é cínico, trata os interlocutores com escárnio, como tolos (manés), provoca, confunde, manda mensagens cifradas (*dog whistles*) para a base extremista. Nessa sua performatividade exuberante e

---

26. "Augusto Heleno diz a CPI do DF que 'sempre procurou atuar' como 'poder moderador' de Bolsonaro." *O Globo*, 1 jun. 2023.

malandramente chocante, cria uma nuvem de fumaça que impede a investigação que importa. É preciso investigar e julgar os militares pela gestão criminosa na pandemia, pelas ameaças permanentes à democracia, por serem ativos conspiradores e gestores incompetentes e omissos. Nenhum general tinha sido denunciado até fevereiro de 2024, quando foi deflagrada a Operação Tempus Veritatis da Polícia Federal, autorizada pelo STF e pela PGR, em que quatro generais (incluindo Heleno e Braga Netto) e um almirante foram alvos da investigação, busca e apreensão e devem ser levados a julgamento.[27] Além deles, o General Lourena Cid, pai de Mauro Cid Jr., está sendo investigado por seu envolvimento no contrabando e venda de presentes de Estado apropriados indevidamente por Bolsonaro.

Para além dos indivíduos, é preciso entrar na caixa preta das Forças Armadas brasileiras (como já fazem pesquisadores como Piero Leirner, João Roberto Martins Filho, Manoel Domingos Neto, Fábio Victor, Celso Castro, entre outros) e entender quais grupos e alavancas de extremismo precisam ser controlados, a começar pela formação militar. Formação que conta uma história ao avesso (como no caso do *Orvil*, livro ao contrário, narrativa militar conspiracionista sobre a ameaça comunista no Brasil), sem qualquer autocrítica, e que nutre uma autoimagem de salvadora da pátria contra eternos "inimigos internos". As escolas militares são fábricas de negacionismo e desinformação sobre a história brasileira, produtoras de realidades fantasiosas, subserviência aos EUA e crença num extemporâneo prolongamento da Guerra Fria. Apagam, ainda, personagens que foram fundamentais para a superação da barbárie em suas fileiras (como João Cândido, o Almirante Negro, que lutou contra as chibatadas nos marinheiros), considerados "traidores".

A caserna brasileira adora mitos sobre si mesma que precisam ser derrubados. Desde o Império, com Duque de Caxias,

---

[27]. Ver o pós-escrito ao final do epílogo.

ela se especializou em golpes, como a Proclamação da República, a Revolução de 1930 com a posterior implantação do Estado Novo de 1937 e o golpe civil-militar de 1964. A presença da caserna na vida nacional é uma fantasmagoria, seja no período da redemocratização, com a lenta e gradual abertura, seja no chamado período "democrático", cujo interregno entre tucanos e petistas foi incapaz de qualquer reparação histórica no sentido de levar militares ao banco dos réus. À direita ou à esquerda, nossas forças políticas nunca bateram de frente com a caserna. Esta, por sua vez, se arvorou em "poder moderador" de qualquer crise institucional que o Brasil atravesse, sempre atuando como fantasma a assombrar a ordem democrática ou a ameaçar qualquer tentativa de reparação histórica ou julgamento como as diversas manifestações do oficialato durante o governo Dilma com a instalação da Comissão Nacional da Verdade. A caserna sempre ficou à espreita, na espera de uma boquinha no poder e das rendas extras que beneficiam a "família militar". E para chegar de novo lá, ao comando do país, teve que contar com um capitão reformado que saiu em desonra do exército, pertencente ao baixo clero militar e do Congresso. Todavia, essa fantasmagoria volta como tragédia e farsa. Tragédia porque seu representante se mostrou um completo despreparado no cargo, provocando crises e morticínio, como na pandemia de Covid-19, e farsa porque os supostos defensores da ordem estavam prontos para produzir nova quebra do regime democrático, desta vez por delegação à vã-guarda, a um exército de Brancaleone, amalucado e sem comando.

CHEGARÁ A HORA DELE?

No relatório final da CPMI, apresentado em outubro de 2023, Jair Messias Bolsonaro foi comparado a um cupim, acusado de "cupinizar as instituições republicanas brasileiras até seu total esfacelamento" (p. 811). Foi, ao fim, caracterizado como o principal "mentor moral" de diversos ataques à República, incluindo o de 8 de janeiro. O relatório procura demonstrar como, de um lado, Bolsonaro incitou repetidamente sua base a agredir poderes e instituições da República e, de outro, foi omisso em desmobilizar ou reprimir as ações antidemocráticas de sua base. Um exemplo foi a omissão diante das inúmeras faixas nos acampamentos em frente a quartéis, pedindo "intervenção militar com Bolsonaro no Poder". Segundo o relatório, "nunca houve qualquer discurso ou pedido de Jair Bolsonaro para que os acampamentos fossem desmobilizados – na prática houve um 'silêncio eloquente' do então ocupante do posto de presidente da República, incentivando os acampados a permanecerem nos locais" (p. 814).

O relatório então recorre ao "conjunto da obra", ou às práticas criminosas contumazes de Bolsonaro no poder, para fortalecer seu argumento. Crimes que podem a ele ser imputados, para além do 8 de janeiro, são diversos e graves: na condução criminosa, inepta e negacionista na pandemia de Covid-19, que resultou em ao menos 200 mil mortes evitáveis;[28] inúmeros ataques às instituições e à democracia, em especial nos atos públicos em que afrontou o STF e desmoralizou o sistema eleitoral; o desmantelamento dos órgãos de fiscalização ambiental, ampliando queimadas, desmatamento, garimpo ilegal e crimes relacionados; os cortes na pesquisa científica e nas universidades, com interferência na autonomia universitária; a ingerência indevida em órgãos como a Polícia Federal e a ABIN para defender amigos e familiares e perseguir inimigos; a apropriação indébita de bens públicos, como os presentes recebidos como autoridade, com contrabando e venda ilegal; falsificação de carteira de vacinação; uso da Polícia Rodoviária Federal para impedir eleitores

---

28. A condução criminosa da pandemia de Covid-19 no Brasil que resultou em ao menos 120 mil "mortes evitáveis" apenas no primeiro ano (de março de 2020 a março de 2021), segundo relatório da OXFAM-Brasil ou 156 mil, segundo o epidemiologista Pedro Hallal, em artigo na *Lancet*, quando tínhamos 305 mil mortos no total. Chegamos a 700 mil mortes no final do mandato de Bolsonaro.

de Lula no nordeste a chegarem aos locais de votação; uso da máquina pública na eleição e auxílios financeiros politiqueiros; circulação de minutas golpistas por seus assessores diretos e ministros etc.

O relatório ainda descreve as diversas práticas e métodos de manipulação das massas adotados por Bolsonaro e aliados, com a criação de inimigos imaginários a serem exterminados, apelo emocional para gerar indignação, a promoção de estímulos psíquicos de pânico, ressentimento e ódio, exagero, distorção e desinformação como tática permanente, muitas delas já descritas por diversos autores que retratam o *modus operandi* dos "líderes fascistas". Theodor Adorno, já exilado nos EUA, descreve nos anos 1950 os princípios da psicologia de massas e da propaganda fascista, percebendo sua existência também na América macartista. Ele é didático na caracterização dos líderes e agitadores fascistas e traça um retrato surpreendentemente atual e revelador do comportamento de figuras como Trump e Bolsonaro. Para Adorno, o líder fascista utiliza repetidamente técnicas como a insinuação, sem a revelação concreta dos fatos aludidos; toma seus ouvintes com emoções, para que se liberem, gritem, em catarse; anuncia a iminência de catástrofes de alguma espécie; incessantemente utiliza os mesmos padrões, clichês e maniqueísmos; adota a mentira e a distorção de forma planejada; transforma a doutrina cristã em violência política; utiliza histórias escandalosas de natureza sexual ou atrocidades, a maioria fictícias, para gerar indignação; divulga intimidades reais ou fictícias sobre sua vida e família; se apresenta como lobo solitário, saudável e sadio; faz bizarrices, com entoação falsa e palhaçadas; vende seus defeitos sem inibições; e atua como demagogo-performer, auto estilizado no seu show.[29]

Também resta a alternativa de que Bolsonaro não seja esse líder poderoso e de perfil fascista, mas apenas um títere dos

---

29. Theodor Adorno, "Teoria freudiana e o padrão da propaganda fascista". Em *Margem esquerda: ensaios marxistas*. São Paulo: Boitempo, 2006.

militares, pastores, agronegócio e *faria limers*, um personagem de ópera bufa capaz de falar com o povo para cumprir o projeto de poder e riqueza dos que jogam nas sombras dos bastidores. É o paradoxo da causalidade (o popular dilema de Tostines): são os Generais que mandam em Bolsonaro e por isso ele tornou-se forte; ou ele é forte porque de fato assumiu o comando político da caserna? Se ele é a marionete, ou líder de pés de barro, pode cair como subiu repentinamente. Quem dá o sinal da troca de líder ou pele é a aliança militares-pastores-empresários. Steven Levitsky, em entrevista sobre seu novo livro, considera que a direita nos EUA depende mais de Trump do que a brasileira de Bolsonaro. Lá, Trump comanda o Partido Republicano e é sua única alternativa (ou tornou o partido seu refém). As instituições também não conseguiram barrá-lo da candidatura à presidência, como se fez aqui com Bolsonaro. No Brasil há uma diversidade de forças, partidos e caciques da direita e extrema-direita que diluem o poder de Bolsonaro e, com seu impedimento para as próximas eleições, precisarão se rearticular e se renovar.[30] Por outro lado, a Ordem e o Capital seguem ganhando com Lula, afinal, ele está lá para "barrar o fascismo" e manter a "confiança" para os negócios, com alguma eventual migalha aos pobres. Seja passando a boiada, seja passando o novo regime fiscal e tributário, o novo Plano Safra e o PAC, o país segue sendo uma plataforma de valorização financeira rentável.

A despeito das diferentes avaliações de causa e resultado, influência ou subordinação, o personagem Bolsonaro é conhecido, muitos de seus atos também, mas a instrução processual e o ônus da prova devem ir além disso. No relatório da CPMI, são ainda frágeis as provas materiais de que Bolsonaro atuou diretamente como "autor, intelectual e moral, dos ataques perpetrados que culminaram no dia 8 de janeiro de 2023". Sua defesa pode alegar que ele estava fora do Brasil,

---

[30]. "Direita nos EUA depende mais de Trump do que a brasileira, de Bolsonaro, diz Steven Levitsky." *Folha de S.Paulo*, 10 nov. 2023.

que não manteve comunicação direta com lideranças dos manifestantes, nem na convocação, nem no dia do ato, e que as forças militares já estavam subordinadas ao novo presidente, além da Polícia Militar ao governador eleito do DF.

Não será simples imputar o "crime de influência" ou "incitação" a Bolsonaro especificamente para os acontecimentos de 8 de janeiro. No Código Penal Brasileiro, o ato de induzir ou instigar alguém a cometer um ato criminoso é considerado uma forma de participação no crime e é tratado pelo artigo 286, que prevê punição para quem "incitar, publicamente, a prática de crime". Contudo, depois da derrota, Bolsonaro mediu palavras e falou mais pelo seu silêncio do que pela "papagaiada" característica. Transferiu a terceiros a missão de dar recados — sobretudo à Rede Jovem Pan e a influenciadores exaltados — enquanto os grupos bolsonaristas, nas redes e nos acampamentos, conversavam pelo "não dito", ou pelo "talvez dito", de forma cifrada, e testavam balões de ensaio para a revolta. O crime pode ocorrer, então, por instigação indireta, por apoiadores estratégicos e mensagens a serem decifradas. Há, por isso, uma esperteza oportunista do líder-malandro dos manés, em proteger-se, abster-se, fugir do país, dar sinais confusos e que podem ser desmentidos, enquanto os bagrinhos acampados sob sol e chuva foram à luta, sem comando, na raça e na loucura. Daí, como vimos, a sensação de desamparo e desorientação da "vã-guarda" dos combatentes civis no 8 de janeiro: exército e Bolsonaro não cumpriram o esperado, mas os manés foram parar na cadeia.

Na instrução processual da Polícia Federal e na petição de Alexandre de Moraes que autorizou a Operação Tempus Veritatis, o conjunto de provas contra Bolsonaro foi acrescido de suas falas em uma reunião ministerial de 5 de julho de 2022 (gravada e arquivada pelo faz-tudo Cid), de aberto caráter golpista, além de trocas de mensagens entre seus subordinados que confirmam que Bolsonaro não apenas sabia das minutas de golpe, como participara de sua redação e revisão final.

Contudo, Bolsonaro e sua quadrilha não conseguiram levar a cabo o que pretendiam: foram derrotados nas eleições mesmo com todas as ações ilegais, uso da máquina, ataque às urnas e avalanche de *fake news* (ações que levaram, ao final, à sua condenação pelo TSE, tornado-o inelegível por 8 anos), ou as tentativas posteriores de golpe por meio de decreto de Estado de Sítio, intervenção no TSE e STF, prisão de Alexandre de Moraes e anulação do resultado das eleições. Como já explicou o general-malandro Heleno, "um golpe, para ter realmente sucesso, precisa de um líder principal, alguém que esteja disposto a assumir esse papel de liderar um golpe". Na hora H, todos os malandros recuaram e, inclusive, saíram do país, enquanto os manés não perceberam o risco que, sozinhos, corriam. Estão pagando agora pelo recuo covarde e silencioso dos líderes. Se os primeiros condenados, no máximo meros executores, pegaram 17 anos de prisão, qual seria a condenação dos mandantes? E seria possível condenar mandantes que se omitiram, ou seja, construíram o *momentum*, mas não lideraram a ação na prática?

PUNITIVISMO ÀS AVESSAS

A justiça historicamente seletiva, racista e elitista no Brasil dificilmente pesca os peixes graúdos com dentes afiados, em especial os que vestem farda. Fiquemos de olho para ver como a Ordem, o STF e mesmo o governo Lula irão atuar nestes julgamentos ou como irão acomodar interesses. O sistema procura algum equilíbrio, reduzir tensões, dar anistia em troca de governabilidade, estabilizar e pacificar. Daí que a "pax Lulista" é temporariamente necessária e desejada: todos querem algum tipo de conciliação. A classe política quer manter-se onde está, com alguma alternância entre os de sempre e seus herdeiros. A justiça condena alguns para manter tudo como está, parafraseando Lampedusa. E o capital, independente do governante de turno, segue empilhando vitórias e acumulando, enquanto consolidamos nossa condição de fazenda neocolonial e avançamos para o colapso do planeta, como alertam líderes indígenas e cientistas.

A política nacional de encarceramento em massa (que, por ser estrutural, muda pouco a despeito da ideologia do governo) é usada aqui para "solucionar" o 8 de janeiro. O modelo jurídico-policial da guerra às drogas que é base do Estado de Exceção brasileiro (racista e classista), juntamente com o neopunitivismo da esquerda, dá suas caras nos julgamentos do 8 de janeiro. Os manés seriam "noias", viciados em realidade paralela. E como esta raramente coincide com o senso comum liberal (que também vive uma realidade paralela...), cadeia neles, com pena exemplar. Alexandre de Moraes está adotando o tratamento de repressão à "cracolândia" para os agitadores de janeiro. Aliás, de pau-na-cracolândia os tucanos entendem. Além disso, é visível uma certa inépcia do direito penal burguês confrontado com um fantasma jurídico chamado "tentativa de golpe". Difícil encontrar a tipificação adequada, beirando mesmo ao ridículo, daí o escárnio do próprio Heleno, que sabe do que fala, e conhece como ninguém o famigerado "temor reverencial" da burguesia diante dos militares.

Claro que líderes, mandantes e malandros devem ser condenados, mas o que estamos vendo é a pesca de arrasto dos bagres baderneiros. Serão eles a brasa na fogueira para que os mandantes desapareçam como fumaça? Além disso, penas excessivas (lembremos, a pena básica de homicídio qualificado é de 12 anos) também criam mártires, permitem a denúncia de perseguição política e a percepção de condenações injustas, estimulando os extremistas não a recuarem, mas a reafirmarem suas narrativas (confirmando o que sempre disseram e pensaram sobre o STF) e, quem sabe, planejar contra-ataques.

No fim de novembro, mais de cem pessoas seguiam presas preventivamente aguardando julgamento, quando morreu, na penitenciária da Papuda, Cleriston da Cunha, diabético, imunossuprimido e hipertenso. Em 1º de setembro, a PGR aprovou sua liberdade provisória com tornozeleira e outras restrições, mas o STF protelou a decisão, como em outros casos de *habeas corpus* do 8 de janeiro. Registros na Papuda mostram que ele recebeu seis atendimentos médicos desde a prisão.[31] Condutas como essa da justiça brasileira não são exceção, mas a regra, sobretudo para a ralé, ao manter um terço das prisões ocupadas com réus aguardando julgamento.[32] Contudo, nesse caso, temos já aqui o primeiro mártir do 8 de janeiro, o que pôs lideranças e redes bolsonaristas em polvorosa. Segundo a deputada Bia Kicis, em seu Twitter, Cleriston é o primeiro "preso político" do 8 de janeiro vitimado: "quantos mais precisarão morrer para que um mínimo de justiça seja feita?". Em 26 de novembro, alguns milhares de bolsonaristas estiveram em ato na Avenida Paulista em homenagem ao "morto político", na primeira mobilização de rua da extrema-direita desde o 8 de janeiro. As palavras de ordem nas falas e na faixa pendurada no carro de som eram "direitos humanos" e "em defesa do Estado Democrático de Direito". Fernanda Martins, diretora do InternetLab, que monitora grupos extremistas na rede, comenta o novo hackeamento das pautas do campo progressista: "você vê seus opositores usando os mesmos termos que você estava usando, mas para defender coisas completamente distintas. Isso gera uma confusão".[33] A estratégia é precisamente essa, seguindo o jogo de espelhamentos e inversões de que já tratamos: diante da "ditadura do STF" ou da "ditadura comunista" de Lula, os apoiadores da "Revolução de 64" agora defendem seus "presos políticos" e prestam homenagem à primeira vítima fatal da violência de Estado.

31. "Preso no 8 de janeiro more na Papuda após sofrer mal súbito." *Uol*, 20 nov. 2023.
32. "33% dos presos ainda aguardam julgamento no país, e déficit no sistema prisional é de 300 mil vagas." *Agência Pública*, 14 fev. 2020.
33. "Bolsonarismo se contradiz ao usar direitos humanos para se opor ao STF." *Folha de S.Paulo*, 10 dez. 2023.

É preciso muito cuidado quando o campo progressista se satisfaz com o encarceramento geral do 8 de janeiro sem perceber que atende ao interesse da Ordem por repressão pesada às multidões (e seus indivíduos). A esquerda pode estar apoiando argumentos, leis, jurisprudências, julgamentos sumários, novas técnicas de controle e vigilância, além das punições severas – todas elas aptas a criminalizar e condenar também revoltas e insurgências contra a opressão e a desigualdade. As periferias, os sem-teto, os sem-terra, os sem-tudo não querem paz, mas transformação. Quem quer a paz total e as multidões em casa é a Ordem e o Capital. Aceitar e comemorar as penas dos bagres é uma naturalização da desigualdade com decisões arbitrárias e monocráticas, com o encarceramento em massa que pune há tempos os jovens pretos e periféricos, apoia despejos dos pobres e criminaliza movimentos sociais.

Vivemos assim um impasse: em nome da defesa enfática da democracia, apoiamos cegamente o punitivismo que limitará cada vez mais a capacidade da democracia em transformar a sociedade iníqua em que vivemos. Mais uma vez, estamos diante do jogo de espelhos entre esquerda e direita, entre ordem e insurgência, entre democracia e autocracia. Podemos estar presenciando um "punitivismo às avessas" (parafraseando aqui Chico de Oliveira, quando caracterizou o lulismo como uma forma de "hegemonia às avessas", contexto em que a classe trabalhadora governava, mas contra seus próprios interesses de classe)?[34]

Nas palavras de Chico, no texto de 2007: "no Brasil de Lula e do Bolsa Família parece que os dominados dominam, quando na verdade o governo capitula diante da exploração desenfreada". Parafraseando para hoje: no Brasil de Lula que barrou o fascismo, parece que os democratas dominam, quando na verdade capitulamos diante da ampliação desen-

---

34. Francisco de Oliveira, "Hegemonia às avessas". Revista *Piauí* (depois republicado em livro), jan. 2007.

freada do poder da Ordem e de sua capacidade de reprimir e condenar. Resta a pergunta: a quem interessa o punitivismo do 8 de janeiro e quais suas consequências para o campo progressista?

Um exemplo: em janeiro de 2024, completado um ano do 8 de janeiro, manifestantes do Movimento Passe Livre (o mesmo que produziu o estopim de junho de 2013) que protestavam contra o aumento das passagens de transporte público em São Paulo foram violentamente reprimidos. 25 foram presos e 13 indiciados por "associação criminosa e abolição violenta do Estado democrático de Direito" – os mesmos crimes pelos quais foram condenados participantes dos atos de 8 de janeiro.[35] É um desejo antigo da Ordem enquadrar manifestações de movimentos sociais como terrorismo ou ato similar. O punitivismo às avessas abre nova oportunidade para isso, poucos meses depois dos primeiros sentenciados em Brasília.

Fiquemos com um só exemplo, de fato ocorrido enquanto escrevíamos este epílogo. A nova Lei Orgânica das PMs, menina dos olhos da "bancada da bala", depois de passar pela Câmara Federal em dezembro de 2022, recebeu parecer favorável da CCJ do Senado, com relatoria do senador petista Fabiano Contarato e, em 7 de novembro, foi aprovada em regime de urgência pelo Senado, com sinal verde do Governo Lula e apoio declarado do ministro da Justiça, Flávio Dino – que enviou um ofício afirmando que o projeto é "prioridade" para a pasta.[36] Em artigo sobre o tema, Adilson Paes de Souza e Gabriel Feltran afirmam que a nova lei "é tratada por

---

35. "Polícia cita crimes do 8/1 ao prender manifestantes contra alta de passagem." *Uol*, 12 jan. 2024.
36. "Dino pede prioridade para Senado votar PL bolsonarista que regula e dá mais poderes à PM." *Agência Pública*, 5 out. 2023. Documento que conta com mais de 500 assinaturas de entidades de direitos humanos declara que "além de dar o carimbo de um governo popular a uma legislação autoritária, o projeto atual supera os retrocessos anteriores [...] aprofunda os poderes das polícias militares, incorpora a legislação militarista de 1967/69 e amplia a incidência das Forças Armadas".

seus defensores como uma atualização da legislação vigente para que as PMs se adequem ao regime democrático. O que está em curso, no entanto, é justamente o oposto". E completam: "Estamos diante de um hipermilitarismo que combate os esforços civis para democratizar a segurança pública, reforçando a rota que nos trouxe à tragédia atual da segurança pública brasileira. Depois de estudar seu conteúdo, fica nítido que a LOPM vai além do decreto-lei do regime militar. A hipermilitarização das corporações tem intenções políticas bastante evidentes: a autonomização das PMs de qualquer controle civil ou democrático, deixando aberta a possibilidade de sua utilização política nos estados e na União. Como uma lei aprovada em tempos de democracia pode ser ainda mais autoritária que uma norma editada no auge repressivo da ditadura?". Ao final, Souza e Feltran reiteram nossa indagação sobre o punitivismo às avessas:

Como explicar que parlamentares ditos progressistas e o atual governo federal, igualmente dito progressista, tenham apoiado incondicionalmente esse projeto, que evidentemente tem todos os traços da extrema-direita? [...] Se sancionada por Lula, como indica que será, a LOPM semeará a criação de um Estado policial e militarizado que terá amparo legal para esgarçar ainda mais a nossa já combalida democracia.[37]

EMANCIPAÇÃO MULTITUDINÁRIA

Diante do que se viu, será que poderemos esperar algo das multidões insurgentes além de crimes? Nas ações penais do 8 de janeiro, a multidão é descrita a partir de Le Bon como uma horda irracional e regressiva que ataca o Estado. Dela

---

37. "Nova lei das PMs, que uniu bancada da bala e PT, é pior que decreto da ditadura." *Folha de S.Paulo*, 5 dez. 2023. Recomendamos ler o artigo completo. O podcast *Medo e Delírio em Brasília* dedicou um episódio sobre o tema em 9 de dezembro (Dias 333 a 340). É bom lembrar que a polícia militar mais violenta do Brasil, com mil e quinhentos mortos em operações em 2022, é a da Bahia, estado que o PT governa desde 2007.

só se pode esperar barbárie. É tendencialmente criminosa e deve ser combatida. Para além do 8 de janeiro, a Ordem vê na multidão sempre uma ameaça, pois é desestabilizadora e questiona estruturas de poder — como dissemos antes, a Ordem quer a "paz total".

A história recente de lutas multitudinárias não é de barbárie e crimes, ao contrário. A emergência das multidões como sujeitos políticos nas últimas décadas procurou impor limites aos donos do poder e do dinheiro e abrir horizontes novos: dos movimentos altermundistas (como a Ação Global dos Povos) aos Occupies após a crise de 2008, da Primavera Árabe a Junho de 2013, as multidões protagonizaram um ciclo global de revoltas e foram decisivas para alterar o curso da história, mesmo que não no sentido originalmente pretendido. Várias dessas ações contra-hegemônicas surgiram a partir de coletivos em rede que, em geral bem-informados, sabendo o que faziam, constituíram forças capazes de desafiar a ordem política e econômica globalizada e suas estruturas de poder. Realizaram transformações efêmeras e algumas estruturais, da queda de tarifas e suspensão de despejos até a interdição de cúpulas internacionais e a derrubada de regimes autoritários. Se não conseguiram instaurar o novo poder popular que imaginaram, foram importantes para que a Ordem sentisse que as multidões podem impor limites e derrotas parciais a determinados interesses que antes atuavam sem freios.

Em muitas dessas ações, ao contrário da depredação generalizada, a multidão se organizou para permanecer em praças e ocupações com novos modos de estar e cuidar da existência cotidiana (cozinhas, creches, limpeza dos lugares, espaços de troca, ateliês em praça pública etc.). Os acampamentos nos QGs do Exército aprenderam e reproduziram essas experiências, mas como farsa, como já expusemos nas práticas de sequestro das táticas do campo progressista.

No Brasil que temos pela frente, cujas ruas andam vazias, uma multidão potencialmente emancipadora poderá ainda ser capaz de desafiar o poder estabelecido e superar a "paz depois de janeiro"? Como ela atuaria por meio de ações coletivas que surgem da inteligência cooperativa, gerando novas formas de comunidade social e ambiental? Há ainda espaço para a transformação transgressora, para imaginar e experimentar práticas de democracia radical e de autogoverno, opondo-se aos mecanismos de controle? Enfim, os "crimes multitudinários", além de rebeliões de manés e conspirações fascistas, poderão novamente ser realizados por oprimidos em novos levantes por justiça social? Ou seja, deixar de ser mero crime contra a ordem, para ser a própria derrubada da velha ordem para instaurar "o novo"?

É bom lembrar que destruir a ordem opressiva não significa a destruição física dos palácios. A herança cultural deve ser preservada, apropriada e ressignificada, como já ocorreu noutros tempos e lugares. E não necessariamente a insurgência deve priorizar a tomada do poder, mas a radicalização da democracia a ponto de tornar insustentável o estado de brutal desigualdade em que vivemos. O desafio talvez seja aprender com o passado e formular uma visão contemporânea da transformação social emancipatória, de forma partilhada e participativa, com cenários pós-capitalistas (e não pós-apocalípticos). Como ativar o poder coletivo e das ações autônomas, construindo espaços de liberdade e experimentação, novas formas de propriedade, de sistemas monetários, de democracia, de relação com a vida e a natureza? E como fazer com que isso se espraie pelo efeito demonstração, até alcançar força para uma ruptura maior?

PÓS-ESCRITO

CHEGOU A «HORA DA VERDADE» PARA OS LÍDERES GOLPISTAS? E PARA A ESQUERDA?

Na manhã de 8 de fevereiro de 2024, na véspera do Carnaval, o Brasil foi surpreendido pela enorme Operação Tempus Veritatis da Polícia Federal, que realizou buscas e apreensões, recolheu passaportes e prendeu uma parte dos investigados, incluindo militares e auxiliares civis do ex-presidente. Dia 8 era também o dia em que este livro seria enviado à gráfica, e pedimos ao nosso editor a inclusão desse pós-escrito. O que pensar diante da surpreendente virada histórica na caça aos mandantes, inclusive do generalato? Não apenas os manés serão condenados, mas também os malandros-mentores, civis e militares? Estivemos mais perto do que imaginávamos de um golpe de Estado, para além da performance grotesca do 8 de janeiro? As instituições democráticas conseguiram impor o comando civil e constitucional diante do intervencionismo militar na República?

As investigações da Polícia Federal abasteceram o inquérito aberto por Alexandre de Moraes sobre os mandantes da tentativa de golpe de Estado. No dia 26 de janeiro, Moraes fez uma petição para prisões e mandados de busca e apreensão. O recém-empossado Procurador Geral da República, Paulo Gonet, deu sinal verde. A PF então deflagrou a Operação contra os 37 citados. Entre as provas, estão trocas de mensagens por celular entre os envolvidos e a surpreendente gravação de uma reunião ministerial ocorrida em 5 de julho de 2022, de escancarado caráter golpista – gravação encontrada em um computador do coronel Mauro Cid, ajudante-trapalhão de Bolsonaro.

Não resumimos aqui a reunião, amplamente noticiada, mas recomendamos que assistam ao vídeo completo.[38] Somada à outra reunião ministerial vazada, de abril de 2020, quando foi proferida a famosa frase "vamos passar a boiada" e mudar regras ambientais aproveitando que a população e a mídia estavam voltadas para a pandemia,[39] temos espetáculos chocantes e reveladores do fundo do poço a que chegou o Brasil no governo Bolsonaro. Observando os presentes (quase

---

38. Leia a íntegra da reunião e veja o vídeo no canal *Poder 360*. Matéria de 10 fev. 2024.
39. Também disponível no canal *Poder 360*.

todos homens, brancos e ricos, vários militares), seu linguajar tosco e grosseiro, sua malandragem cafajeste e mafiosa, o tom golpista e oportunista, enfim, o que se nota é que estamos diante de textos dramáticos prontos a serem reencenados (com direito a primeiro e segundo ato) pelos nossos melhores diretores e atores e estudados por linguistas, antropólogos e cientistas políticos. A performance é didática e assombrosa, os gestos e trejeitos são brechtianos, a desconexão entre falas e seu teor rocambolesco lembram o Teatro do Absurdo.

Vejamos, por exemplo, o momento nesta última reunião em que Bolsonaro fala que precisa intervir com todos os meios para ganhar as eleições, pois agir depois de Lula eleito levaria o país à guerra civil e à luta "de guerrilha". No auge da tensão/tesão golpista/gozosa do presidente, vemos no canto direito da tela o representante do Capital, o senhor Paulo Guedes, Ministro da Economia, comendo tranquilamente um sanduíche. É o único na sala a comer. Aliás, só abre a boca para isso, mesmo citado diversas vezes por Bolsonaro. Paulo Guedes, arauto do liberalismo à brasileira, ficou em silêncio conivente com um possível golpe de Estado. Nada fora da ordem neoliberal, pois o ministro teve como seu orientador de tese, na Universidade de Chicago, Milton Friedman, amigo pessoal de Pinochet. O surrealismo econômico de Paulo Guedes até poderia parecer o delírio do inconsciente de um homem que se dizia liberal clássico e antiestado, mas seu *modus operandi* andava de mãos dadas com os desejos autocratas de Bolsonaro. Tal como Guedes, uma parcela polpuda da banca financeira embarcou nas loucuras autoritárias de Bolsonaro e hoje fica em silêncio. Fica a pergunta: será que uma parcela da banca financiou o golpe? Lembremos que, logo após a reunião ministerial, ocorreu o vazamento de uma troca de WhatsApp entre empresários graúdos defendendo o golpe caso Lula fosse eleito.[40] Por uma semana, houve repercussão e foram chamados a depor. Passado um ano, em agosto de 2023, discretamente o caso foi arquivado. Por quem? Alexandre de Moraes.[41]

Voltemos à reunião ministerial. Em outro exemplo de realismo fantástico, Bolsonaro mobiliza o Flamengo para explicar como mentir deslavadamente. Para isso, garante a seus ministros que o Flamengo perdeu do Bangu por 10 a 0 em 1972. É fundamental às *fake news* a precisão de números e datas. Diz que tem o videotape do jogo, mas não vai mostrar, basta que acreditem no que diz (e lembremos Adorno sobre o líder fascista: basta a insinuação, sem a revelação concreta dos fatos aludidos).[42] O resultado nunca existiu, a maior derrota do Flamengo para o Bangu foi por 6 a 0, em 1950. A analogia futebolística é a senha para que todos ali acreditem, sem o ônus da prova, no que ele diz, ou seja, na narrativa da fraude nas urnas. A seguir, Bolsonaro pede que divulguem incessantemente essa alegação ou saiam do governo.

Na reunião, há um "momento de autoconsciência" do inominável, quando Bolsonaro menciona que "essa cadeira aqui [presidencial] estar comigo é uma cagada", ao que complementa, depois do olhar estarrecido dos ministros: sou uma

---

40. "Prefiro golpe do que a volta do PT. Um milhão de vezes. E com certeza ninguém vai deixar de fazer negócios com o Brasil. Como fazem com várias ditaduras pelo mundo", publicou Koury. Ver: "Exclusivo. Empresários bolsonaristas defendem golpe de Estado caso Lula seja eleito; veja zaps." *Metrópoles*, 17 ago. 2022.

41. "Moraes arquiva investigação contra empresários acusados de trocar mensagens golpistas no WhatsApp". *O Globo*, 21 ago. 2023. O processo talvez seja reaberto contra dois deles, graças à delação de Mauro Cid: "O ex-ajudante de ordens de Bolsonaro disse que Luciano Hang, dono da Havan, e Meyer Nigri, fundador da Tecnisa, pressionaram o então presidente Bolsonaro a fazer com que o Ministério da Defesa produzisse um relatório 'mais duro' sobre o processo eleitoral de modo a 'virar o jogo'. A conversa, segundo Cid detalhou à PF, teria ocorrido em novembro". *Metrópoles*, 14 fev. 2024.

42. "E se eu falar que em 1972 o Flamengo perdeu de 10 a 0 do Bangu, alguém acredita? Tem que acreditar em mim, porra. O Flamengo perdeu de 10 a 0 pro Bangu. Tem que acreditar em mim, foda-se. Ou não?"

"cagada do bem, deixo bem claro". Em outro ponto risível e assombroso, o General Heleno pede a palavra para dizer que a Abin irá infiltrar informantes nas campanhas eleitorais, ao que Bolsonaro, quase engasgado, interrompeu-o bruscamente e pede para "falar no particular, para não vazar" — passou em rede nacional... E por aí vai.

A espetacular Operação, com militares sendo presos e outros sendo acordados às 6 horas da manhã com busca e apreensão da Polícia Federal em suas casas, produziu uma euforia do campo pró-democracia e em grande parte da mídia. Enfim, o castelo de cartas civil-militar do bolsonarismo parece de fato ruir. No dia seguinte, o Ministro da Defesa do governo Lula, José Múcio, eximiu as Forças Armadas ao afirmar que "é só um grupo", e "quem queria golpe eram alguns CPFs de um CNPJ".[43] Reduzir generais a CPF de um CNPJ, as Forças Armadas, é outra analogia grotesca, mas vamos lá, aqui há uma senha importante. Múcio, amplamente conhecido por sua estreita relação com os comandos militares, está sinalizando que as Forças Armadas aceitarão as condenações dos arrolados no inquérito em nome da narrativa de que a instituição foi legalista e sairá ilesa.

A petição de Moraes (disponível na internet) dá margem a essa interpretação. Nela há sempre a distinção entre o grupo criminoso e as instituições militares. E mais: o grupo criminoso atuava "*contra* as Forças Armadas, direcionado a desacreditar os militares que defendiam a Constituição e a legalidade" (p. 12). A instituição seria, assim, vítima da maquinação golpista. O grupo criminoso fez uso de milícias digitais, canais e influenciadores para mobilizar "integrantes das Forças Armadas ao intento golpista" (idem). No inquérito, o respaldo das Forças Armadas ao movimento golpista é apenas "suposto" (p. 95). No documento, há sempre o cuidado de usar a expressão "alguns integrantes", enquanto outros

---

43. "Ministro da Defesa diz que operação da PF mostrou que 'só um grupo' de militares queria golpe." *G1*, 9 fev. 2024.

não estavam "coadunados aos intentos golpistas, por respeitarem a Constituição" (p. 112), mas nada fizeram, sabendo da trama. Segundo o inquérito, o comandante do Exército, General Freire Gomes, é quem estava impondo maiores limites aos golpistas.[44] Na delação, Mauro Cid também teria apontado Freire Gomes como a principal voz contrária à movimentação golpista de Bolsonaro e camarilha.[45]

Na p. 109, novamente Freire Gomes é apontado como aquele que não aderiu ao movimento golpista. Na p. 112, é citado de novo, a partir dos vazamentos, como aquele que "está dificultando a vida do PR [presidente] ao se colocar contra". É chamado por Braga Netto de "cagão", que completa: "vamos oferecer a cabeça dele aos leões" (p. 113). Braga Netto também ataca o comandante da Aeronáutica. Em 15 de dezembro, mesmo depois da diplomação de Lula, Braga Netto segue no movimento golpista tentando convencer Freire Gomes e o Brigadeiro Batista Jr. da Aeronáutica, acusado de "traidor da pátria" (p. 118). Supostamente o único comandante apoiando a iniciativa era o da Marinha, Almirante Garnier, golpista notório elogiado nas mensagens.

Todas as ações descritas na petição de Moraes estão restritas ao ano de 2022, na fase eleitoral e após a vitória de Lula. Não há, contudo, provas indicando o envolvimento direto dos golpistas no 8 de janeiro, citado de passagem uma única vez, sem conexão explícita. Vejamos o resultado da nova coleta de busca e apreensão com os indiciados. Aqui, interessa indicar que a petição de Moraes e a ação da PF não desnudam o golpismo generalizado dentro das Forças Arma-

---

44. O General Freire Gomes foi de fato pressionado, diretamente pelos golpistas investigados, mas não só. Por mais de mil oficiais do exército que lhe enviaram em 30 de novembro a "Carta dos oficiais superiores da ativa ao comandante do exército brasileiro", com ataques ao judiciário e à mídia.
45. Ex-comandante do Exército teria ameaçado Bolsonaro de prisão, diz Cid em delação. "Se o senhor for em frente com isso, serei obrigado a prendê-lo", teria dito o general Freire Gomes a Bolsonaro. Militar sabia que golpe não tinha apoio de comandos regionais e dos EUA, segundo Mauro Cid. Revista *Fórum*, 22 set. 2023.

das, mas recortam com precisão algumas figuras, "alguns CPFS", que poderão ser "cancelados", no linguajar miliciano. Dão a entender que a ala legalista venceu e virou a página da história: arrancadas as maçãs podres, renova-se a macieira, dá-se um voto de confiança e nova anistia às Forças Armadas.

Haveria mesmo uma mobilização legalista? Afinal, os militares não estavam em peso e simbioticamente ligados ao bolsonarismo? Não teria o alto comando se esforçado para atacar o sistema eleitoral e as urnas eletrônicas, inclusive emitindo um parecer em 10 de novembro de 2022 afirmando que "não exclui a possibilidade de fraude ou inconsistência nas urnas eletrônicas",[46] sem apresentar qualquer prova? Não teriam no dia seguinte, 11 de novembro, os comandantes das três forças assinado juntos (inclusive Freire Gomes) uma nota "Às instituições e ao povo brasileiro" com ameaças ao judiciário?[47] Não ajudaram a mobilizar uma manifestação golpista no 15 de novembro, dia da República, para questionar o resultado das urnas e pedir intervenção militar?[48] Não teriam autorizado e mesmo estimulado os acampamentos em dezenas de QGs do exército em todo o país? O próprio "legalista" Freire Gomes era um defensor dos acampamentos, as caldeiras em ebulição para a revolta popular, e barrou o desmonte do aquartelamento de Brasília.[49]

As Forças Armadas podem sair dessa história com ficha limpa e ainda com a narrativa de legalistas que barraram o golpe. Se a banda podre (herdeira da linha dura) mais uma vez tiver sido derrotada, como em 1981, no fim da ditadura (quando deu um último suspiro também numa ação tres-

---

46. "Relatório das Forças Armadas não excluiu a possibilidade de fraude ou inconsistência nas urnas eletrônicas." Ministério da Defesa, 10 nov. 2022.
47. "Nota das Forças é 'alerta' e tem Judiciário e Moraes como destinatários." *Uol*, 11 nov. 2022.
48. "Bolsonaristas radicais fazem manifestação com intenções golpistas no feriado de 15 de novembro." *G1*, 15 nov. 2022.
49. "Ex-comandante do Exército barrou desmonte de acampamento golpista em Brasília." *Jornal do Brasil*, 25 set. 2023.

loucada, o atentado do Riocentro), ela foi desbaratada pela maioria da população brasileira, pelas mobilizações diversas em defesa da democracia, pela formação de uma frente ampla, pela articulação internacional, pela falta de apoio dos EUA (lembremos que o governo Biden se negou a cumprir esse papel, dessa vez). O golpe depois da eleição se tornou inviável, o ônus seria grande demais e o Brasil definitivamente se tornaria um pária internacional. Diante disso é que os supostos legalistas recuaram.

Assim, consideramos que a Operação Tempus Veritatis, ao mesmo tempo que indicia militares de alta patente, salva as Forças Armadas de uma investigação mais ampla a respeito do espraiamento do golpismo em todo o seu corpo. Como disse o pesquisador Piero Leirner em um tuíte no dia seguinte à Operação:

> Não existe isso que se chama de "ala legalista". Claro que há militares não golpistas, mas o que houve nas FFAA foi uma ação da cadeia de comando. Institucional. A rigor o golpismo sempre esteve lá, em toda comemoração e ordem do dia com alusões ao golpe de 1964. Nos tuítes, postagens de Facebook etc. de militares há a mesma ladainha de 64, atualizada agora para "conspiração socialista entre Xandão e a quadrilha do PT". Tudo público e à luz do dia, não precisaria nem quebra de sigilo para se chegar a esse material. [...] Os [militares] que estão ligados diretamente à cadeia de comando que propiciou o [acampamento defronte ao] QG [em Brasília], não só estão saindo ilesos como, mais do que isso, estão saindo dessa história como os que bloquearam a ação golpista. Como isso foi feito? A partir da seleção do material vazado [...] Afinal, novamente, quem [na alta cúpula das Forças Armadas] já não sabia que aquela panela era golpista?

Nosso segundo e último comentário sobre a Operação diz respeito a como ela foi possível e como angariou tanto apoio na mídia. Não é novidade que desde a queda e desmoralização da Lava-Jato, uma parcela das elites políticas e econômicas decidiu recuar do punitivismo que levou empresários, executivos e políticos graúdos para a prisão, além das multas cavalares. O apoio a Bolsonaro, com o lema de combate à "quadrilha do PT", seria capaz de frear a Lava-Jato e encerrá-la na condenação de Lula. Com Bolsonaro já eleito, capitaneando uma gestão caótica, criminosa e negacionista, houve a percepção em frações das elites de que tinham ido longe demais no apoio àquela necropolítica extremista. Setores da Ordem decidiram também impor limites e, por fim, dificultar sua tentativa de reeleição. Barrá-lo pela via democrática, mas com uma blitz permanente da mídia e do STF. Lula foi tirado da cadeia nesse contexto, como único político capaz de derrotar Bolsonaro nas urnas. A Frente Ampla era necessária, mas também imposta pela Ordem e pelas parcelas do Capital e da mídia que reconheceram o alto risco de um Estado-máfia bolsonarista, autocrático e militarizado começar a corroer todas as instituições e o próprio ambiente de negócios. Lula foi então eleito para fazer o que está fazendo, incluindo um ajuste fiscal e tanto. O que assistimos com a Tempus Veritatis é mais um lance dessa reacomodação da Ordem para expelir de si o corpo aberrante do bolsonarismo. Há uma disputa de hegemonia na direita, os "moderados" querem retomar sua base tradicional de eleitores (aqueles que votaram em Aécio Neves em 2014, por exemplo).

Com a eleição de Lula-Alckmin, a Ordem já reconstruía uma normalidade política e de negócios a seu favor, com a Pax Lulista 3.0 e seu regime de conciliação de classes pró-mercado. A aventura como pária internacional, aberração sanitária, ambientalmente criminosa e progressivamente mafiosa, miliciana e militarista não seria saudável aos negócios a médio prazo (a não ser para os fazendeiros armados do agro e os pastores evangélicos em busca de poder e dinheiro). Assim, estamos assistindo a um movimento das placas tectônicas da política de poder no Brasil, um novo rearranjo depois do movimento anterior que levou ao golpe legalista contra Dilma. A direita dita moderada, liberal, supostamente democrata, quer enfiar o gênio de volta na lâmpada, quer fechar a caixa de Pandora que ela mesma abriu depois de 2014.

As estruturas se movem também pela agência dos indivíduos. Se, de um lado, Lula, movimentos populares e sociedade organizada, além da mídia, cumpriram um papel fundamental, a principal voz e iniciativa da oposição ao bolsonarismo foi e tem sido de Alexandre de Moraes, Ministro da Justiça do (golpista) Michel Temer e indicado por ele ao Supremo. Por que ele? Não cabe aqui uma recapitulação biográfica do hoje homem mais poderoso (ou mais temido) da República. Moraes esteve no DEM (antigo PFL-Arena) e no PSDB, foi pupilo de Cláudio Lembo (figura da ditadura e do setor financeiro) e também do agora vice-presidente Alckmin (lembremos, da ala direita do PSDB e ligado à Opus Dei). Quando Secretário de Segurança de São Paulo, comandou a repressão aos estudantes secundaristas que ocupavam escolas em 2016.[50] Os serviços prestados o habilitaram para ser alçado rapidamente a ministro do governo Temer, que derrubou na mão grande a hegemonia de quase duas décadas do PT, e terminar brindado com cargo no STF.

Roberto Jefferson apelidou Alexandre de "o Cachorro do Supremo", mas é mais que isso: hoje ele é o "Cachorro da Ordem". Sob sua liderança no TSE, o golpismo pelo uso da máquina, ataque às urnas e desinformação foi evitado no período eleitoral. No STF, ele esteve à frente dos principais processos para contenção do extremismo bolsonarista. Foi protagonista na diplomação e garantia da posse de Lula. Depois do 8 de janeiro, passou a conduzir os inquéritos e condenações dos que cometeram os atentados em Brasília. Como vimos, discretamente engavetou o inquérito sobre os grandes empresários golpistas e, agora, está à frente novamente

---

50. A repressão resultou em uma ação civil em que Moraes foi acusado de ser responsável pela violência de Estado, ação esta que foi travada no Supremo Tribunal Federal, no qual ele atua como ministro. A decisão de travar o processo foi criticada por ser uma forma de evitar sua responsabilização pelas medidas tomadas durante sua gestão como Secretário de Segurança. Ver: "Alexandre de Moraes trava no STF ação em que é responsabilizado por repressão policial contra estudantes." Revista *Fórum*, 23 abr. 2019.

da representação que motivou a operação espetacular da PF. Moraes é também um juiz que tem a capacidade de ser ouvido e de falar a língua das polícias, criando uma fissura no monopólio bolsonarista de domínio das forças de repressão. Moraes tem voz de comando, teve com a PM paulista, tem com a Polícia Federal (que dirigiu quando foi Ministro da Justiça e Segurança).

Com Alckmin aliado ao PT e com o PSDB implodido, não parece haver figura política no campo da direita não extremista capaz de começar a drenar as energias e votos do bolsonarismo sangrando em praça pública. Se a missão de uma parcela da Ordem, incluindo a mídia e parte dos negócios, é reavivar uma direita para chamar de sua, mesmo que vinda a contrabando do marxismo uspiano, como FHC, ela segue sem liderança para o momento eleitoral. Como então disputar a hegemonia no campo da direita? A não ser que ocorra um arroubo de Moraes, como o de Joaquim Barbosa, para saltar do Supremo para a política partidária (que sempre foi seu sonho, dizem os biógrafos), qual a alternativa?

Como diria Garrincha, é preciso combinar com os russos, ou com os bolsonaristas, se eles estão interessados em abandonar o barco. Afinal, será que darão mesmo um passo em direção ao centro e na defesa da Ordem? Eles aparentemente não pretendem abandonar o líder e nem o extremismo. Uma pesquisa Atlas Intel, realizada nos dias 8 e 9 de fevereiro a respeito do impacto da Operação Tempus Veritatis,[51] demonstrou que apenas 2 a 3% dos bolsonaristas acreditam que ele planejou um golpe de Estado, enquanto eleitores de Lula (86%), Simone Tebet (90%) e Ciro (100%) reconhecem em peso o envolvimento do ex-presidente nas conspirações. E 99% dos bolsonaristas acreditam que "Bolsonaro está sendo perseguido injustamente". Apesar de declararem que não houve

---

51. Pesquisa disponível na internet, no site da empresa, entre outros. Foi realizada com 1615 respondentes na população adulta brasileira, com recrutamento digital aleatório, com margem de erro de 2% para cima ou para baixo e 95% de confiança.

tentativa de golpe, 74% dos eleitores de Bolsonaro declaram que apoiariam um golpe (na forma de declaração de Estado de Sítio, como previa a minuta golpista) e só 7% seriam contrários. Golpe vindo de onde? De Marte? Ou seja, estamos diante de um eleitorado fanatizado, engolido por um sistema delirante de seita autorreferente, que só se alimenta com seu circuito paralelo de (des)informação, desconectado do real. No máximo, recairão nas versões "limpinhas e tecnocráticas", mas igualmente truculentas do bolsonarismo, como Tarcísio de Freitas e Romeu Zema (governadores de São Paulo e Minas Gerais).

É interessante notar que apenas 1% dos eleitores de Bolsonaro se declara favorável à investigação contra o ex-presidente e generais, mas 40% são favoráveis a que os depredadores dos palácios de Brasília respondam na justiça. Ou seja, não querem que os líderes e demais mandantes, sobretudo militares, sejam investigados pelas tentativas de golpe e incitação, mas são favoráveis à condenação dos manés do 8 de janeiro. Por fim, 84% dos bolsonaristas consideram que vivemos uma ditadura, a "ditadura do judiciário"; e 94% declaram que continuam apoiando Bolsonaro, venha o que vier. São números típicos do fanatismo messiânico ao líder populista/fascista.

Enfim, nosso objetivo com este livro não é exatamente pensar os rumos e rearranjos da direita, mas o que foi feito da esquerda, aquela que um dia defendeu justiça, solidariedade, equidade e fraternidade e hoje (ou desde os anos 1990) está empenhada na gestão e na defesa da Ordem, de uma "democracia" liberal que mantém níveis assombrosos de desigualdade, racismo, violência de Estado, precarização do trabalho, cidadania limitada e encarceramento em massa. A esquerda institucional, o Capital e a Ordem parecem querer o mesmo: pacificação, estabilidade, crescimento econômico, investimento estrangeiro, administração da pobreza, contenção social e de gastos. Tudo em nome do realismo, da governabilidade, da conciliação, de um suposto acordo nacional – que um dia Chico de Oliveira chamou de Hegemonia às Avessas.

O 8 de janeiro foi por nós escolhido como esse caleidoscópio bizarro, propício ao estranhamento, um convite à autorreflexão da esquerda. Olhemos para tal episódio não apenas condenando os manés, mas também reconhecendo as armadilhas criadas, as falsas saídas, as assimilações, as inversões (de sentido e de lado). O governo Lula 3 é um tampão contra a ascensão neofascista no Brasil, mas se não lutarmos pela justiça social e por futuros emancipatórios, seguiremos submetidos à pacificação pró-mercado, ao novo punitivismo às avessas e logo abriremos o caminho para que a extrema-direita se reorganize e retome o comando. Se estão acuados neste momento, é uma oportunidade, para nós e para a parcela da Ordem que quer retomar o ambiente de negócios à brasileira (leia-se, com alto desequilíbrio entre capital e trabalho, entre lucro e salário, entre propriedade privada e direitos) e um Estado estabilizado para reprimir, pacificar e pagar a dívida pública em dia e com juros altos. Eles estão agindo para garantir seus interesses e nós, até o momento, assistindo passivamente. Não é tempo para apenas ver na TV a Operação da Hora da Verdade e o retorno à Ordem. Reconhecido o estranho enredo que nos enlaça, é preciso mais do que nunca organizar e agir, antes que a normalidade capitalista seja mais uma vez restaurada (e naturalizada), mantendo o Brasil como um dos países mais desiguais, racistas e violentos do mundo. Derrotar (temporariamente) o bolsonarismo foi só o primeiro round. E agora?

Créditos das imagens

- *Print* de cena do filme *Branco sai, preto fica* 26
- *Print* de cena do filme *Era uma vez Brasília* 27
- Foto: Fábio Rodrigues. Disponível em: shorturl.at/gRYZ1 28
- Foto: André Dusek. Disponível em: shorturl.at/kqzAO 29
- Foto: Acervo Estadão. Disponível em: shorturl.at/fgtI9 31
- Foto: Joedson Alves. Disponível em: shorturl.at/dqrBO 38
- Foto: Renato Guariba. Disponível em: shorturl.at/AU468 39
- Foto: Alexandre Schneider. Disponível em: shorturl.at/cdzT9 . . 40
- Foto: Estadão. Disponível em: shorturl.at/bhuB5 41
- *Print* da página da Joven Pan 44
- *Print* de redes sociais. Levantamento realizado pelo "Camarote da República" e gentilmente cedido para este artigo. 45
- Disponível em: shorturl.at/lIS69 48
- *Prints* de cena do filme *Outubro* 49
- *Prints* de cena do filme *Outubro* 50
- Capa do livro *Revolutions*. Foto de capa de Tina Modotti, "Mulher com bandeira", capturada durante a Revolução Mexicana. México, 1928 52
- Disponível em: shorturl.at/EP258 53
- Cartaz de chamada para o filme do MBL no YouTube. Disponível em: bit.ly/483K85Y 63
- Foto: Wallace Martins. Disponível em: bit.ly/4a9h2UL 66
- Disponível em: glo.bo/3TeAN7e 67
- Foto: Manuel Ceneta. Disponível em: bit.ly/46QnQ6A 72
- Foto: Guilherme Gandolfi. Disponível em: bit.ly/3Rx9a8g 73
- Foto: Edison Bueno. Disponível em: bit.ly/3ThmwGV 77
- Disponível em: bit.ly/46Y5Aso 81
- Foto: Hermes de Paula. Disponível em: glo.bo/47ZM8wa 82
- Foto: Ueslei Marcelino. Disponível em: bit.ly/3ThsuYh 83
- Foto: Ton Molina. Disponível em: bit.ly/41gjt3H 86
- Foto: Adriano Machado. Disponível em: glo.bo/3uIqJZV 87

- Foto: Adriano Machado. Disponível em: bit.ly/41h5YAE 92
- Foto: Eraldo Peres. Disponível em: rb.gy/9ebw18 93
- *Print* do Instagram de Lucimary Billhardt. Disponível em: rb.gy/oodcpl 98
- *Print* do Instagram de Lucimary Billhardt. Disponível em: rb.gy/oodcpl 99
- *Print* de cena da novela *Apocalipse*, da TV Record 101
- *Frame* do documentário *Profetas do bolsonarismo: como a religião foi usada no 8 de janeiro*, da BBC Brasil 102
- *Frame* do documentário *Profetas do bolsonarismo: como a religião foi usada no 8 de janeiro*, da BBC Brasil 103
- *Print* de redes sociais. Disponível em: tinyurl.com/bd2c6fs7. E *print* do vídeo "Presos em Brasília oração em conjunto – súplica pela liberdade" (já retirado do ar) 104
- *Print* de redes sociais. Disponível em: tinyurl.com/yc4satmf ... 105
- Disponível em: tinyurl.com/ytanxafb 111
- Reprodução do livro *Estamos Vencendo*, de Ryoki e Ortellado, Editora Conrad, 2004. Foto: André Ryoki 113
- Foto: Leonidas Martín. Disponível em: tinyurl.com/mrx38bfm . 114
- Foto: Adriano Machado. Disponível em: tinyurl.com/2dzmn8ya . 115
- Foto: Adriano Machado. Disponível em: https://tinyurl.com/bdez53v6 116
- Reprodução: Facebook 122
- Disponível em: tinyurl.com/4aj8e9ve 123

COLEÇÃO «HEDRA EDIÇÕES»

1. *A metamorfose*, Kafka
2. *O príncipe*, Maquiavel
3. *Jazz rural*, Mário de Andrade
4. *O chamado de Cthulhu*, H. P. Lovecraft
5. *Ludwig Feuerbach e o fim da filosofia clássica alemã*, Friederich Engels
6. *Hino a Afrodite e outros poemas*, Safo de Lesbos
7. *Præterita*, John Ruskin
8. *Manifesto comunista*, Marx e Engels
9. *Rashômon e outros contos*, Akutagawa
10. *Memórias do subsolo*, Dostoiévski
11. *Teogonia*, Hesíodo
12. *Trabalhos e dias*, Hesíodo
13. *O contador de histórias e outros textos*, Walter Benjamin
14. *Diário parisiense e outros escritos*, Walter Benjamin
15. *Fábula de Polifemo e Galateia e outros poemas*, Góngora
16. *Pequenos poemas em prosa*, Baudelaire
17. *Ode ao Vento Oeste e outros poemas*, Shelley
18. *Poemas*, Byron
19. *Sonetos*, Shakespeare
20. *Cântico dos cânticos*, [Salomão]
21. *Balada dos enforcados e outros poemas*, Villon
22. *Ode sobre a melancolia e outros poemas*, Keats
23. *Robinson Crusoé*, Daniel Defoe
24. *Dissertação sobre as paixões*, David Hume
25. *A morte de Ivan Ilitch*, Liev Tolstói
26. *Don Juan*, Molière
27. *Contos indianos*, Mallarmé
28. *Triunfos*, Petrarca
29. *O retrato de Dorian Gray*, Wilde
30. *A história trágica do Doutor Fausto*, Marlowe
31. *Os sofrimentos do jovem Werther*, Goethe
32. *Dos novos sistemas na arte*, Maliévitch
33. *Metamorfoses*, Ovídio
34. *Micromegas e outros contos*, Voltaire
35. *O sobrinho de Rameau*, Diderot
36. *Carta sobre a tolerância*, Locke
37. *Discursos ímpios*, Sade
38. *Dao De Jing*, Lao Zi
39. *O fim do ciúme e outros contos*, Proust
40. *Fé e saber*, Hegel
41. *Joana d'Arc*, Michelet
42. *Livro dos mandamentos: 248 preceitos positivos*, Maimônides
43. *Eu acuso!*, Zola | *O processo do capitão Dreyfus*, Rui Barbosa
44. *Apologia de Galileu*, Campanella
45. *Sobre verdade e mentira*, Nietzsche
46. *A vida é sonho*, Calderón
47. *Sagas*, Strindberg
48. *O mundo ou tratado da luz*, Descartes
49. *A vênus das peles*, Sacher-Masoch

50. *Escritos sobre arte*, Baudelaire
51. *Americanismo e fordismo*, Gramsci
52. *Sátiras, fábulas, aforismos e profecias*, Da Vinci
53. *O cego e outros contos*, D.H. Lawrence
54. *Imitação de Cristo*, Tomás de Kempis
55. *O casamento do Céu e do Inferno*, Blake
56. *Flossie, a Vênus de quinze anos*, [Swinburne]
57. *Teleny, ou o reverso da medalha*, [Wilde et al.]
58. *A filosofia na era trágica dos gregos*, Nietzsche
59. *No coração das trevas*, Conrad
60. *Viagem sentimental*, Sterne
61. *Arcana Cœlestia e Apocalipsis revelata*, Swedenborg
62. *Saga dos Volsungos*, Anônimo do séc. XIII
63. *Um anarquista e outros contos*, Conrad
64. *A monadologia e outros textos*, Leibniz
65. *Cultura estética e liberdade*, Schiller
66. *Poesia basca: das origens à Guerra Civil*
67. *Poesia catalã: das origens à Guerra Civil*
68. *Poesia espanhola: das origens à Guerra Civil*
69. *Poesia galega: das origens à Guerra Civil*
70. *O pequeno Zacarias, chamado Cinábrio*, E.T.A. Hoffmann
71. *Um gato indiscreto e outros contos*, Saki
72. *Viagem em volta do meu quarto*, Xavier de Maistre
73. *Hawthorne e seus musgos*, Melville
74. *Feitiço de amor e outros contos*, Ludwig Tieck
75. *O corno de si próprio e outros contos*, Sade
76. *Investigação sobre o entendimento humano*, Hume
77. *Sobre os sonhos e outros diálogos*, Borges | Osvaldo Ferrari
78. *Sobre a filosofia e outros diálogos*, Borges | Osvaldo Ferrari
79. *Sobre a amizade e outros diálogos*, Borges | Osvaldo Ferrari
80. *A voz dos botequins e outros poemas*, Verlaine
81. *Gente de Hemsö*, Strindberg
82. *Senhorita Júlia e outras peças*, Strindberg
83. *Correspondência*, Goethe | Schiller
84. *Poemas da cabana montanhesa*, Saigyō
85. *Autobiografia de uma pulga*, [Stanislas de Rhodes]
86. *A volta do parafuso*, Henry James
87. *Carmilla — A vampira de Karnstein*, Sheridan Le Fanu
88. *Pensamento político de Maquiavel*, Fichte
89. *Inferno*, Strindberg
90. *Contos clássicos de vampiro*, Byron, Stoker e outros
91. *O primeiro Hamlet*, Shakespeare
92. *Noites egípcias e outros contos*, Púchkin
93. *Jerusalém*, Blake
94. *As bacantes*, Eurípides
95. *Emília Galotti*, Lessing
96. *Viagem aos Estados Unidos*, Tocqueville
97. *Émile e Sophie ou os solitários*, Rousseau
98. *A fábrica de robôs*, Karel Tchápek
99. *Sobre a filosofia e seu método — Parerga e paralipomena (v. II, t. I)*, Schopenhauer
100. *O novo Epicuro: as delícias do sexo*, Edward Sellon
101. *Sobre a liberdade*, Mill

102. *A velha Izerguil e outros contos*, Górki
103. *Pequeno-burgueses*, Górki
104. *Primeiro livro dos Amores*, Ovídio
105. *Educação e sociologia*, Durkheim
106. *A nostálgica e outros contos*, Papadiamántis
107. *Lisístrata*, Aristófanes
108. *A cruzada das crianças/ Vidas imaginárias*, Marcel Schwob
109. *O livro de Monelle*, Marcel Schwob
110. *A última folha e outros contos*, O. Henry
111. *Romanceiro cigano*, Lorca
112. *Sobre o riso e a loucura*, [Hipócrates]
113. *Ernestine ou o nascimento do amor*, Stendhal
114. *Odisseia*, Homero
115. *O estranho caso do Dr. Jekyll e Mr. Hyde*, Stevenson
116. *Sobre a ética – Parerga e paralipomena (v. II, t. II)*, Schopenhauer
117. *Contos de amor, de loucura e de morte*, Horacio Quiroga
118. *A arte da guerra*, Maquiavel
119. *Elogio da loucura*, Erasmo de Rotterdam
120. *Oliver Twist*, Charles Dickens
121. *O ladrão honesto e outros contos*, Dostoiévski
122. *Sobre a utilidade e a desvantagem da história para a vida*, Nietzsche
123. *Édipo Rei*, Sófocles
124. *Fedro*, Platão
125. *A conjuração de Catilina*, Salústio
126. *Escritos sobre literatura*, Sigmund Freud
127. *O destino do erudito*, Fichte
128. *Diários de Adão e Eva*, Mark Twain
129. *Diário de um escritor (1873)*, Dostoiévski
130. *Perversão: a forma erótica do ódio*, Stoller
131. *Explosao: romance da etnologia*, Hubert Fichte

COLEÇÃO «METABIBLIOTECA»

1. *O desertor*, Silva Alvarenga
2. *Tratado descritivo do Brasil em 1587*, Gabriel Soares de Sousa
3. *Teatro de êxtase*, Pessoa
4. *Oração aos moços*, Rui Barbosa
5. *A pele do lobo e outras peças*, Artur Azevedo
6. *Tratados da terra e gente do Brasil*, Fernão Cardim
7. *O Ateneu*, Raul Pompeia
8. *História da província Santa Cruz*, Gandavo
9. *Cartas a favor da escravidão*, Alencar
10. *Pai contra mãe e outros contos*, Machado de Assis
11. *Crime*, Luiz Gama
12. *Direito*, Luiz Gama
13. *Democracia*, Luiz Gama
14. *Liberdade*, Luiz Gama
15. *A escrava*, Maria Firmina dos Reis
16. *Contos e novelas*, Júlia Lopes de Almeida
17. *Transposição*, Orides Fontela

18. *Iracema*, Alencar
19. *Auto da barca do Inferno*, Gil Vicente
20. *Poemas completos de Alberto Caeiro*, Pessoa
21. *A cidade e as serras*, Eça
22. *Mensagem*, Pessoa
23. *Utopia Brasil*, Darcy Ribeiro
24. *Bom Crioulo*, Adolfo Caminha
25. *Índice das coisas mais notáveis*, Vieira
26. *A carteira de meu tio*, Macedo
27. *Elixir do pajé – poemas de humor, sátira e escatologia*, Bernardo Guimarães
28. *Eu*, Augusto dos Anjos
29. *Farsa de Inês Pereira*, Gil Vicente
30. *O cortiço*, Aluísio Azevedo
31. *O que eu vi, o que nós veremos*, Santos-Dumont
32. *Poesia Vaginal*, Glauco Mattoso

COLEÇÃO «QUE HORAS SÃO?»

1. *Lulismo, carisma pop e cultura anticrítica*, Tales Ab'Sáber
2. *Crédito à morte*, Anselm Jappe
3. *Universidade, cidade e cidadania*, Franklin Leopoldo e Silva
4. *O quarto poder: uma outra história*, Paulo Henrique Amorim
5. *Dilma Rousseff e o ódio político*, Tales Ab'Sáber
6. *Descobrindo o Islã no Brasil*, Karla Lima
7. *Michel Temer e o fascismo comum*, Tales Ab'Sáber
8. *Lugar de negro, lugar de branco?*, Douglas Rodrigues Barros
9. *Machismo, racismo, capitalismo identitário*, Pablo Polese
10. *A linguagem fascista*, Carlos Piovezani & Emilio Gentile
11. *A sociedade de controle*, J. Souza; R. Avelino; S. Amadeu (orgs.)
12. *Ativismo digital hoje*, R. Segurado; C. Penteado; S. Amadeu (orgs.)
13. *Desinformação e democracia*, Rosemary Segurado
14. *Labirintos do fascismo, vol. 1*, João Bernardo
15. *Labirintos do fascismo, vol. 2*, João Bernardo
16. *Labirintos do fascismo, vol. 3*, João Bernardo
17. *Labirintos do fascismo, vol. 4*, João Bernardo
18. *Labirintos do fascismo, vol. 5*, João Bernardo
19. *Labirintos do fascismo, vol. 6*, João Bernardo

COLEÇÃO «MUNDO INDÍGENA»

1. *A árvore dos cantos*, Pajés Parahiteri
2. *O surgimento dos pássaros*, Pajés Parahiteri
3. *O surgimento da noite*, Pajés Parahiteri
4. *Os comedores de terra*, Pajés Parahiteri
5. *A terra uma só*, Timóteo Verá Tupã Popyguá
6. *Os cantos do homem-sombra*, Patience Epps e Danilo Paiva Ramos
7. *A mulher que virou tatu*, Eliane Camargo
8. *Crônicas de caça e criação*, Uirá Garcia
9. *Círculos de coca e fumaça*, Danilo Paiva Ramos

10. *Nas redes guarani*, Valéria Macedo & Dominique Tilkin Gallois
11. *Os Aruaques*, Max Schmidt
12. *Cantos dos animais primordiais*, Ava Ñomoandyja Atanásio Teixeira
13. *Não havia mais homens*, Luciana Storto

COLEÇÃO «NARRATIVAS DA ESCRAVIDÃO»

1. *Incidentes da vida de uma escrava*, Harriet Jacobs
2. *Nascidos na escravidão: depoimentos norte-americanos*, WPA
3. *Narrativa de William W. Brown, escravo fugitivo*, William Wells Brown

COLEÇÃO «ANARC»

1. *Sobre anarquismo, sexo e casamento*, Emma Goldman
2. *Ação direta e outros escritos*, Voltairine de Cleyre
3. *O indivíduo, a sociedade e o Estado, e outros ensaios*, Emma Goldman
4. *O princípio anarquista e outros ensaios*, Kropotkin
5. *Os sovietes traídos pelos bolcheviques*, Rocker
6. *Escritos revolucionários*, Malatesta
7. *O princípio do Estado e outros ensaios*, Bakunin
8. *História da anarquia (vol. 1)*, Max Nettlau
9. *História da anarquia (vol. 2)*, Max Nettlau
10. *Entre camponeses*, Malatesta
11. *Revolução e liberdade: cartas de 1845 a 1875*, Bakunin
12. *Anarquia pela educação*, Élisée Reclus

Adverte-se aos curiosos que se imprimiu este livro na gráfica Plenaprint, na data de 13 de junho de 2024, em papel pólen soft, composto em tipologia Swift Neue e Minion Pro, com diversos sofwares livres, dentre eles LuaLaTeXe git.
1ª reimpressão.
(v. 49965d3)